O LEITOR FINGIDO

Flávio Carneiro

O LEITOR FINGIDO

ENSAIOS

Rocco

Copyright © 2010 by Flávio Carneiro

Direitos desta edição reservados à
EDITORA ROCCO LTDA.
Av. Presidente Wilson, 231 – 8º andar
20030-021 – Rio de Janeiro, RJ
Tel.: (21) 3525-2000 – Fax: (21) 3525-2001
rocco@rocco.com.br / www.rocco.com.br
Printed in Brazil/Impresso no Brasil

PROJETO GRÁFICO E EDITORAÇÃO
Fatima Agra

CIP-Brasil. Catalogação na fonte.
Sindicato Nacional dos Editores de Livros, RJ.

C288L

Carneiro, Flávio Martins, 1962-
   O leitor fingido: ensaios/Flávio Carneiro. – Rio de Janeiro: Rocco, 2010.

   Inclui bibliografia
   ISBN 978-85-325-2558-1

   1. Livros e leitura. 2. Leitores – Reação crítica. 3. Literatura – História e crítica. 4. Escritores e leitores. I. Título.

10-1293
                                           CDD – 801.95
                                           CDU – 82.09

Para meus pais

Este livro divide-se em duas partes que, apesar de independentes uma da outra, têm em comum a temática e certo modo de composição.

Ambas falam sobre leitura, entendida não apenas em relação à palavra escrita mas também a outras linguagens, não verbais, e foram escritas na forma de pequenos textos, com cada parte dialogando, na sua montagem, com uma obra ficcional.

A primeira, *Através do espelho (e o que o leitor encontrou lá)*, compõe-se de fragmentos diversos sobre o tema. São divagações em torno, sobretudo, das relações entre escrever e ler. Tais considerações aparecem entremeadas por breves narrativas envolvendo um suposto leitor, a meio caminho entre biografia e ficção. O título remete ao livro de Lewis Carroll, *Através do espelho e o que Alice encontrou lá*.

A segunda — *Álbum de retratos (o leitor em branco & preto)* — busca um diálogo com *As cidades invisíveis*, de Italo Calvino, cujo sumário, em forma de análise combinatória, serviu de base para a criação de ensaios curtos sobre personagens leitores, tomados de contos e romances diversos. A ideia foi formar uma espécie de galeria (ou álbum de retratos) de *tipos* de leitor.

No conjunto, o livro se propõe como uma homenagem.

FC

SUMÁRIO

Parte 1 11
   Através do espelho (e o que o leitor encontrou lá)

Parte 2 69
   Álbum de retratos (o leitor em branco & preto)

Bibliografia 204

PARTE I

ATRAVÉS DO ESPELHO
(E O QUE O LEITOR ENCONTROU LÁ)

Num filme de que já não me lembro (a memória tem seus truques) há uma cena em que um grupo de arqueólogos ingleses caminha pelo México, numa expedição em busca de resquícios da civilização asteca. Alguns nativos servem de guia aos exploradores e num ponto qualquer da longa caminhada os guias interrompem a marcha, sem nenhum motivo aparente. À surpresa dos arqueólogos segue-se a irritação com a brusca interrupção da viagem, que sem dúvida iria afetar o rígido cronograma dos pesquisadores.

Um deles, em nome do grupo, decide tomar satisfações com o líder dos guias, que simplesmente não lhe dá atenção. Os arqueólogos não sabem o que fazer diante daquele silêncio. Só lhes resta esperar. A espera dura horas.

Já é final do dia quando os nativos, também sem explicação alguma, resolvem retomar a caminhada. Diante da insistência dos ingleses, o líder dos guias esclarece: antes da parada, estavam caminhando depressa demais e as almas tinham ficado para trás. Por isso pararam, esperando que suas almas os alcançassem.

•

Há um ritmo da leitura como há um ritmo da escrita. O escritor sabe quando deve estender ou interromper a frase, o verso, quando deve acelerar ou retardar a ação, usar ou não o diálogo, longo ou breve, fragmentar ou dar sequência a uma cena, estrofe, imagem.

O escritor não pode ter certeza, obviamente, de como será lido, em que velocidade, mas é levado, pela própria natureza da escrita, a tentar induzir o leitor a ler o texto num determinado ritmo. O leitor, por sua vez, de forma consciente ou não, percebe o ritmo pretendido pelo texto e a ele se entrega ou dele se afasta, firmando o pacto pretendido pelo autor ou criando, por sua conta, um novo ritmo para o texto.

Há romances, por exemplo, que parecem dizer a você: leia-me rápido, por favor. Ou às vezes o dizem de forma mais incisiva, tomando a forma de uma estressada esfinge: leia-me rápido ou te devoro. Os bons romances policiais entrariam nesse grupo. A leitura lenta de um romance policial pode privar o leitor daquilo que de melhor o romance tem a lhe oferecer: a vertigem da narrativa em alta velocidade, da ação que se desdobra em novas ações, rumo a um final que trará, ao leitor, a sensação de êxtase – no melhor dos casos – pela revelação do enigma.

Mesmo nesse gênero de livros, no entanto, é possível impor um outro ritmo de leitura. Como todo bom romance, um policial lança o leitor na corda bamba, colocando-o num limite: o de querer terminar logo o livro e o de querer que ele não acabe ainda.

E há sempre a possibilidade da releitura, mesmo em se tratando – para continuarmos com o exemplo – de um romance policial. Até romances policiais podem ser relidos.

O exercício da releitura, aliás, pede uma mudança de ritmo. Na releitura o leitor vai ler mais devagar e nem por isso de forma menos prazerosa. Livre da ansiedade – que, nesse caso, também atende pelo nome de *prazer* – de saber como continua a história e qual será o seu desfecho, o leitor pode rastrear as pistas que o autor foi lançando aqui e ali no romance e ele não percebeu. Ou pode se deter um pouco mais num detalhe de um personagem, uma cena, na precisão dos diálogos, na forma engenhosa da montagem do enredo etc.

Mas um romance policial não foi escrito para ser relido, você dirá, e concordarei em parte. A princípio, o que esse romance pede é que o terminemos logo. No entanto, todo livro de qualidade pede para ser relido. É esse, aliás, um critério de valor, que desde já assumo aqui: um bom livro é aquele que merece ser relido. Ainda que você não o releia nunca – pouco importa o que você vai fazer com ele, se colocar na estante ou se reler um dia, o importante é que ele o deixou com esse desejo, o da releitura. E aí, na releitura, você vai ler mais devagar. E talvez assim as almas atrasadas de alguns personagens – ou a sua própria – consigam alcançar você, quem sabe.

•

O escritor Jean Paul dizia que livros são cartas endereçadas a amigos, só que mais longas.

É com a citação da frase de Jean Paul que Peter Sloterdijk inicia o seu polêmico *Regras para o parque humano*. Segundo o autor, a natureza e a função do humanismo residem justamente nessa forma de amizade a distância propiciada pela escrita:

> O que desde os dias de Cícero se chama *humanitas* faz parte, no sentido mais amplo e mais estrito, das consequências da alfabetização. Desde que existe como gênero literário, a filosofia recruta seus seguidores escrevendo de modo contagiante sobre o amor e a amizade. Ela não é apenas um discurso sobre o amor à sabedoria, mas também quer impelir outros a esse amor. Que a filosofia escrita tenha logrado manter-se contagiosa desde seus inícios, há mais de 2.500 anos, até hoje, deve-se ao êxito de sua capacidade de fazer amigos por meio do texto. Ela prosseguiu sendo escrita como uma corrente de cartas ao longo das gerações, e, apesar de todos os erros de cópia, talvez até mesmo por causa desses erros, ela atraiu os copistas e intérpretes para seu círculo de amigos. (pp. 7-8)

E, logo a seguir, complementa:

Faz parte das regras do jogo da cultura escrita que os remetentes não possam antever seus reais destinatários; não obstante, os autores lançam-se à aventura de pôr suas cartas a caminho de amigos não identificados. (p. 8)

A ideia de que um autor de livros é na verdade um escritor de cartas para amigos desconhecidos faz da literatura – como da filosofia, conforme Sloterdijk – uma espécie de clube fechado e, ao mesmo tempo, o mais aberto possível.

Fechado porque exige o domínio do código escrito e certa motivação ou certo estado de espírito, digamos, um tanto particulares, que levam alguém a "perder seu tempo" lendo um livro aparentemente sem utilidade nenhuma na vida prática. E ao mesmo tempo aberto porque se abre a um jogo meio às cegas, em que o remetente escreve uma carta não exatamente para informar sobre dados precisos – como num relato de viagem, por exemplo – mas para criar possibilidades de entendimento que vão muito além do que ele próprio, remetente, pode controlar. Com isso, o destinatário recebe em mãos uma carta que exigirá dele um pouco de imaginação – caso queira de fato sentir prazer em lê-la –, e isso o lançará a um caos dos sentidos, dos significados (e ele vai adorar esse caos).

E beiramos então o infinito, com remetente e destinatário imaginando nos dois lados do papel. Um não conhece o outro mas formam as duas imagens no espelho, de tal modo inteiradas uma na outra que se confundem às vezes. E vão assim vivendo, inseparáveis, um traçando o perfil do outro no escuro, ou na penumbra, amparados apenas por uma réstia de luz – como será esse escritor na vida real?, como será o meu leitor de carne e osso?

Numa de suas *Cartas a Lucílio*, Sêneca desenvolve um pequeno tratado sobre leitura. Na carta de número 84, o filósofo orienta seu discípulo nas relações entre escrever e ler.

Diz ele, logo no início, que é preciso ter sempre em vista o equilíbrio entre a escrita e a leitura. Escrever em demasia esgota o estilo, distende a tessitura do que se escreve, do mesmo modo que ler em excesso dispersa o pensamento. É necessário recorrer sempre a uma e a outra dessas atividades, de tal modo que a composição escrita se revele um corpo construído pelas leituras efetuadas.

Em seguida, a partir de um paralelo com o trabalho das abelhas, desenvolve um método de elaboração do texto escrito que nasce justamente da leitura:

> A respeito das abelhas, não se sabe ao certo se tiram das flores um sumo que no mesmo instante se converte em mel ou se transformam sua coleta nessa substância saborosa pela virtude de uma certa mistura e de uma propriedade de seu hálito. Alguns sustentam que a tarefa da abelha consiste não em fazer o mel, mas em recolhê-lo. Dizem que se encontra na Índia, sobre as folhas dos juncos, um mel produzido seja pelo orvalho, seja por uma secreção doce e untuosa do próprio vegetal; as plantas de nosso país, concluem eles, apresentam um elemento idêntico, mas em proporções menos importantes, menos sensíveis: procurá-lo, recolhê-lo, é essa a função do nosso inseto. Outros pensam que é um trabalho de preparação e de arranjo metódico que imprime a qualidade de mel àquilo que as abelhas recolheram da parte mais tenra das folhas e das flores; elas acrescentariam a tal substância uma espécie de fermento capaz de ligar esses materiais diversos e fazer deles um todo. (p. 122)

Escrever exigiria, então, antes da intimidade do autor com a arte de manusear a palavra escrita, uma outra competência: saber o que e como ler. Pela analogia com o comportamento das abelhas na fabricação do mel, Sêneca diz a Lucílio basicamente duas coisas: que é a força inventiva de quem escreve que faz do escrito uma novidade e não uma mera reprodução do modelo e, além disso, que a composição final, o texto escrito, nasce sempre da habilidade de leitura (de saber recolher o pólen).

Mais adiante, Sêneca se utiliza de uma outra imagem:

> Sabes de quantas vozes diferentes compõe-se um coro. Apesar disso, é uma impressão de unidade que sobressai do conjunto. As vozes são altas, baixas, médias; ao canto dos homens se reúne o das mulheres; o todo é sustentado pelo acompanhamento das flautas. Nenhuma voz individual se pode distinguir; é o conjunto que se impõe ao ouvido. (...) Assim quero que seja também com a nossa alma. Que receba boa provisão de conhecimentos, de preceitos, de exemplos tomados de diferentes épocas, mas que tudo conspire para um mesmo fim. (p. 124)

Na década de 1940, o cineasta russo Sergei Eisenstein vai defender ideia semelhante, a propósito da utilização da montagem na feitura do filme, em seu ensaio "Palavra e imagem". Para Eisenstein, montar é o exercício de transformar dois fotogramas em algo mais que duas imagens coladas. No resultado final, cada fotograma ultrapassa sua condição original de objeto autônomo para formar um terceiro elemento: o conjunto. Como no ideograma, montar é fazer uma operação matemática diferente da que se aprende nos manuais, é produzir, de um mais um, não dois, mas três.

•

Há pouco mais de um século, em meio a um mundo em ebulição, mundo ao mesmo tempo encantado com as benesses do avanço tecnológico e assustado com a aceleração no ritmo de vida das grandes cidades, um pensador francês – mais conhecido como crítico de teatro e literatura, mas que escrevia sobre questões ligadas ao movimento feminista, ao pacifismo, à política – publica um pequeno e saboroso livro, *A arte de ler*.

Numa escrita que, sem abandonar a clareza e a simplicidade, mostra nos bastidores uma rica complexidade conceitual e retórica, Émile Faguet redireciona o olhar do leitor sobre o próprio título do livro, afirmando nas primeiras páginas que não há uma, mas inúmeras artes de ler, variando conforme as obras a que se dediquem.

Se, no entanto, se pode falar de um princípio aplicável a todas elas, este seria o seguinte:

> Para aprender a ler é preciso ler bem devagar, e em seguida é preciso ler bem devagar e, sempre, até o último livro que terá a honra de ser lido por você, será preciso ler bem devagar. (p. 10)

Ler devagar não significa ler preguiçosamente. O conceito, aí, tem menos a ver com determinada velocidade da leitura – os olhos seguindo as letras em mais ou menos tempo – do que com uma postura diante do texto. Ler devagar significa ler com desconfiança, ler desconfiando do que se lê.

Nas palavras do autor:

> Os filólogos têm uma mania um pouco divertida, mas que parte do melhor sentimento do mundo e que devemos ter e conservar como princípio, como raiz. Eles se perguntam sempre: "É este mesmo o texto? Não seria ergo em lugar de ego, e ex templo em lugar de ex-templo? Isso faria diferença." Essa mania lhes surgiu de um hábito

excelente, que é o de ler devagar, que é o de desconfiar do primeiro sentido que se vê nas coisas, que é o de não se abandonar, que é o de não sermos preguiçosos ao ler. Dizem que, no texto de Pascal sobre o ácaro, ao ver o manuscrito, Cousin leu: "nos contornos dessa síntese de abismo." E como ele o admirou! Como o admirou! Estava escrito: "nos contornos dessa síntese de átomo", o que faz sentido. Cousin, levado por seu entusiasmo romântico, não se perguntou se "síntese de abismo" também fazia. É preciso não ter preguiça ao ler, mesmo uma preguiça lírica. (pp. 10-11)

•

Não se leem apenas palavras, sabemos. Pode-se ler um romance ou um poema tanto quanto se pode ler no rosto de alguém um traço de dor, um sorriso, um modo de ajeitar o cabelo, ou como se pode ler uma roupa, o céu, um jardim. E até mesmo uma onda do mar pode ser lida, como nos ensina Palomar, o personagem de Italo Calvino.

É de Calvino, aliás, uma história de confronto entre a leitura do livro e a leitura do que está fora do livro. Em "A aventura de um leitor", um dos contos reunidos no volume *Os amores difíceis*, temos o personagem Amedeo, um leitor inveterado que chega a uma praia deserta com seu livro debaixo do braço e lá encontra uma mulher.

Dividido entre a leitura do romance e a leitura do corpo da mulher, Amedeo ora tem os olhos grudados no livro, ora os levanta na direção daquela que se apresenta como um outro texto de sedução:

> o olho de Amedeo estava atraído por ela. Reparou que, ao ler, cada vez com mais frequência suspendia o olhar do livro e o pousava no ar, e este ar era aquele que estava no meio entre aquela mulher e ele. O rosto (estava estendida na borda em declive, num colchãozinho

de borracha, e Amedeo a cada virada de pupila lhe via as pernas não fornidas mas harmoniosas, o ventre perfeitamente liso, o seio pequeno de modo talvez não desagradável mas provavelmente um pouco caído, nos ombros um pouco de ossos demais e também no pescoço e nos braços, e o rosto mascarado pelos óculos escuros e pela aba do chapéu de palha) era levemente marcado, vivo, cúmplice e irônico. Amedeo classificou o tipo: mulher independente, em férias sozinha, que em vez dos lugares cheios de gente prefere o rochedo mais deserto, e gosta de deixar-se estar ali a ficar preta como carvão; avaliou a porção de preguiçosa sensualidade e de insatisfação crônica que havia nela. (p. 86)

Amedeo passará a história toda em dúvida: ler o livro ou a mulher. Acaba ficando com os dois ou, dependendo de como se entenda o episódio, nem com um nem com outra.

•

Em *Lector in fabula*, Umberto Eco nos diz que "um texto é um mecanismo preguiçoso (ou econômico) que vive da valorização de sentido que o destinatário ali introduziu". E, algumas linhas adiante, afirma: "Todo texto quer que alguém o ajude a funcionar". (p. 37)

O conceito sugerido por Umberto Eco aponta para o fato de um texto não se constituir apenas de letras impressas no papel. Mais do que pura materialidade, o texto é uma relação que só funciona quando o leitor nele interfere para a produção dos significados.

Já na década de 1950, Maurice Blanchot, em *O espaço literário*, alertava para o fato de que uma obra só passa mesmo a existir quando alguém a lê. E ler não quer dizer apenas decodificar mecanicamente o signo, mas investir nele, fazê-lo apresentar-se, obrigá-lo a dizer a que veio: "Ler não é (...) obter comunicação da obra, é 'fazer' com que a obra se comunique." (p. 204)

Para Blanchot, a obra não é uma estrutura fechada, cujo acesso só é permitido aos poucos iniciados, àqueles que detêm o código de entrada, o segredo. Ler faz parte da obra, não é apenas a recepção pura e simples de um objeto acabado, mas a inserção na própria feitura final desse objeto. A leitura, portanto:

> Não é um anjo voando em redor da esfera da obra e fazendo girar esta em seus pés munidos de asas. Ela não é o olhar que, do lado de fora, através da vidraça, capta o que se passa no interior de um mundo estranho. Ela está vinculada à vida da obra, está presente em todos os seus momentos, é um deles, não é somente a lembrança deles, a sua transfiguração última, retém em si tudo o que realmente está em jogo na obra, e é por isso que ela carrega sozinha, no final, todo o peso da comunicação. (p. 204)

Caberia à leitura, em última instância, fazer da obra uma comunicação. O leitor entra em cena e assume seu papel não apenas de espectador, mas também de *autor*.

Ou, como afirma Jean Lebrun, entrevistado por Roger Chartier em *A aventura do livro: do leitor ao navegador*:

> Paul Ricœur lembrou muitas vezes o fato de que um mundo de textos que não é conquistado, apropriado por um mundo de leitores, não é senão um mundo de textos possíveis, inertes, sem existência verdadeira. (p. 154)

•

O leitor é uma criança ainda, não aprendeu a ler e a escrever e jamais ouviu a palavra *poeta*. A palavra *doce*, no entanto, ele conhece bem e daí o motivo de ter aberto um sorriso quando seu pai lhe perguntou se queria conhecer uma velhinha que fazia doces.

Viajava com os pais e quando a história aconteceu estavam na Cidade de Goiás. Ele não se lembra de detalhes mas a memória gravou a sensação que teve quando atravessavam a ponte sobre o Rio Vermelho e lá de cima o leitor viu alguns peixes na água cristalina. Aquilo o deixou tão maravilhado que o menino chegou a se esquecer dos doces e quem sabe quanto tempo ficaria ali, encostado ao parapeito da ponte, se a mãe não o chamasse pelo nome e apontasse o casarão ao lado. Precisavam ir.

Quando entraram, a doceira fez um carinho no seu cabelo – ele não gostava que fizessem isso mas era um menino educado o leitor e então forjou um sorriso amarelo para a dona da casa.

Enquanto os pais conversavam com Ana, Aninha da ponte, como a doceira era conhecida na cidade, o menino descia para o quintal e dali, sem que o vissem, chegava até o porão, escuro, com uma pequena janela dando para o rio.

Ele correu até lá e pela janela aberta viu o rio a um palmo do seu rosto, e os peixes novamente, agora tão perto. O leitor ainda não aprendera a ler, não sabia que aquele era um antigo porão de escravos, que estava na casa de uma poeta cuja obra ele leria mais tarde, bem mais tarde, os poemas contando histórias das ruas e becos de Goiás. O leitor não sabia de nada disso e o texto que lia era outro – uma movimentada história de peixes coloridos conversando com um menino através da janela e contando como era a vida de peixe no Rio Vermelho.

Nos anos seguintes, nas décadas seguintes, o leitor leu muitos livros. Seu primeiro livro de verdade, no entanto, ou pelo menos o primeiro de que ele se lembra de ter lido, não era feito de papel e tinta mas de água corrente, olhos e guelras, com a luz do sol atravessando tudo, pela janela dos porões de uma casa que nunca mais existiu igual.

Nas entrevistas com escritores, é comum se perguntar: que autores você leu? Que autores e livros influenciaram a sua obra?

A pergunta é fácil de ser formulada – aliás, já vem pronta, é pegar e usar – e talvez por isso seja tão repetida. Mas pensar assim, que ela se repete por mero comodismo do entrevistador, pode esconder uma outra possibilidade de explicação que, se não for exata, serve pelo menos para se começar uma digressão, breve que seja, sobre as relações entre escrever e ler. E tal explicação partiria de uma outra pergunta: se o entrevistador sempre quer saber o que o autor leu, isso não teria a ver com um desejo mais amplo, um desejo dos leitores em geral?

Nesse sentido, o entrevistador estaria apenas deixando ecoar, por sua própria voz, a voz da maioria dos leitores, aqueles que, quando têm a oportunidade de se aproximar dos seus escritores preferidos – e a entrevista é sem dúvida essa oportunidade de estar mais perto deles – deseja saber o que leram e, de algum modo, incorporaram à sua própria escrita.

Se a premissa estiver correta, o raciocínio pediria então uma nova pergunta: por que, afinal de contas, o leitor quer saber o que o escritor leu?

Pode ser que isso aconteça porque o leitor precise, de vez em quando, tornar um pouco mais real a figura do escritor. Ainda hoje, sobretudo nos pequenos centros urbanos, há leitores que imaginam o escritor como um ser irreal, alguém que parece não existir de fato, de carne e osso, uma entidade qualquer que assina seu nome na capa do romance que este leitor leu avidamente, querendo o próximo, e o seguinte, e mais outro, sem atinar para o fato – ou pelo menos sem pensar muito nele – de que quem escreveu o livro é uma pessoa comum.

Ao perguntar ao escritor o que ele leu, o leitor talvez queira testar o escritor, saber até que ponto ele é mesmo real. Pode ser que o escritor tenha lido os mesmos livros que o leitor leu, o que seria sem dúvida uma prova de que se trata de uma pessoa de verdade e não de um fantasma. Ou pode ser que o escritor tenha lido autores e livros de que o leitor jamais ouviu falar, ou que conhece mas não leu, e ainda assim há de acontecer uma aproximação, pelo simples fato de que o leitor percebe, então, que o escritor, antes de ser um escritor, foi e é também, como ele, um leitor.

Ou pode ser ainda que o leitor, intuitivamente ou não, tenha percebido o que alguns escritores se recusam a reconhecer: que não se escreve sem ler.

A diferença, nesse sentido, entre o escritor e o leitor é que o primeiro transforma em matéria palpável, concreta, aquilo que leu, seja nos livros, seja fora deles – na sua leitura de mundo, que vai além da palavra escrita.

Então pode ser que o leitor tenha percebido isso e tenha buscado encontrar o ponto onde leitura e escrita se cruzam na obra do seu autor preferido, cuja entrevista ele acompanha agora. Quem sabe é isso que move a sua curiosidade de saber o que o escritor leu, que se traduziria então na curiosidade de saber *como* as leituras do escritor se transformaram em escrita.

Curiosidade legítima, claro, embora de pouca utilidade prática, já que não é bem assim que a coisa funciona. Por mais que o escritor diga: li muito Fulano, e por mais que o leitor identifique claramente passagens da obra do escritor em que a leitura de Fulano esteja presente, a relação entre a leitura e a escrita será bem mais sinuosa, bem mais sutil do que possa parecer à primeira vista, e o leitor vai embarcar numa canoa furada se quiser enveredar pelo que lhe parece óbvio.

Até porque o escritor – conhecedor de sua própria obra – pode ter inventado que leu Fulano, apenas para que o leitor o tenha em alta conta, caso Fulano seja um autor respeitado. Noutras palavras, o escritor pode estar fingindo, o que levaria o leitor a chegar diante dele, o escritor, e dizer, olhos nos olhos: tu, escritor hipócrita, meu irmão.

•

Uma obra não lida permanece sendo uma obra? No capítulo "Ler", de *O espaço literário*, Blanchot faz pergunta semelhante, e responde:

> O que é um livro que não se lê? Algo que ainda não está escrito. Ler seria, pois, não escrever de novo o livro, mas fazer com que o livro se escreva ou seja escrito – desta vez sem a intermediação do escritor, sem ninguém que o escreva. O leitor não se acrescenta ao livro mas tende, em primeiro lugar, a aliviá-lo de qualquer autor. (p. 193)

Durante a leitura, é preciso esquecer que alguém escreveu aquilo e pensar simplesmente que aquilo *foi escrito*. Esquecer que existe o autor e firmar no texto minha marca: de leitor.

•

No debate ocorrido na *Société Française de Philosophie*, em 22 de fevereiro de 1969, logo em seguida à apresentação feita por Foucault e da qual resultaria *O que é um autor?*, L. Goldman chama de "escola francesa do estruturalismo não genético" uma corrente filosófica que teria, como principais integrantes, Lévi-Strauss, Barthes, Althusser, Derrida e Foucault.

O que os uniria, segundo Goldman, para além de suas diferenças de pensamento e estilo, seria a mesma preocupação com o tema da dissolução do sujeito, substituído, nas mais diversas culturas do século XX, por estruturas – linguísticas, mentais, sociais etc. –, retirando do indivíduo sua posição, seu *nome*, e dando-lhe agora o lugar de uma função no interior de tais estruturas.

O que Foucault faz, no ensaio *O que é um autor?*, é estender a ideia de um desaparecimento do sujeito para as relações entre autor e texto, negando, é bom que se diga, o rótulo de *estruturalista* que lhe foi aplicado por Goldman.[1] Sua proposta não é exatamente a de que não existe autor, mas que, isto sim, o autor deve apagar-se ou ser apagado em proveito das formas próprias ao discurso. Esse apagamento permite entender melhor o que Foucault chama de *função autor*, da mesma forma que, segundo ele, a negação do sujeito propicia um esclarecimento sobre o modo como o conceito de sujeito funcionou nos domínios do saber.

Foucault parte da afirmação de Beckett: "Que importa quem fala, disse alguém, que importa quem fala."[2]

Importaria, segundo o filósofo, não mais saber quem fala, mas tentar entender o que foi feito daquele que fala. Para tanto seria necessário, antes de mais nada, definir o que seja a função autor, definição que nos é apresentada no ensaio a partir de quatro características básicas.

Primeiramente, a função autor não pode ser entendida fora do sistema jurídico e institucional. O nome próprio, tanto quanto o nome de autor, não funciona apenas como elemento de designação:

> O nome próprio (tal como o nome de autor) tem outras funções que não apenas as indicadoras. É mais do que uma indicação, um gesto, um dedo apontado para alguém; em certa medida, é o equivalente a uma descrição. (p. 42)

Descrição estabelecida no interior das regras em que se baseia o comportamento do indivíduo numa sociedade, ou seja, dentro

---

[1] Foucault: "A primeira coisa que direi é que nunca empreguei, pela minha parte, a palavra estrutura. Se a procurarem em *Les mots et les choses*, não a encontrarão. Então, gostaria que todas as facilidades sobre o estruturalismo não me fossem imputadas ou que as justificassem devidamente." (p. 80)

[2] Ibidem, p. 34.

do sistema institucional e jurídico que, em última instância, contém, determina e articula toda forma de discurso.

Tanto é verdade que a ideia de autoria só começa a existir no momento em que o institucional-jurídico passa a interferir diretamente na relação entre autor e obra:

> Os textos, os livros, os discursos só começaram efetivamente a ter autores (outros que não personagens míticas ou figuras sacralizadas e sacralizantes) na medida em que o autor se tornou passível de ser punido, isto é, na medida em que os discursos se tornaram transgressores. (...) Assim que se instaurou um regime de propriedade para os textos, assim que se promulgaram regras estritas sobre os direitos de autor, sobre as relações autores-editores, sobre os direitos de reprodução etc. – isto é, no final do século XVIII e no início do século XIX –, foi nesse momento que a possibilidade de transgressão própria do ato de escrever adquiriu progressivamente a aura de um imperativo típico da literatura. (p. 22)

Em segundo lugar, é preciso compreender que a função autor não se exerce da mesma maneira em todos os discursos. Há diferenças na presença da figura autoral estabelecidas a partir de modalidades de discurso, de épocas históricas e formas de civilização específicas. O exemplo mais claro dessa atuação diferenciada pode ser tomado de empréstimo às relações entre discurso literário e discurso científico.

Já houve um tempo em que textos hoje considerados literários – contos, epopeias, tragédias, comédias – eram lidos sem que a questão da autoria fosse colocada. A antiguidade do texto, verdadeira ou suposta, era garantia suficiente para sua valoração. Por outro lado, na Idade Média, os textos atualmente tidos como científicos, tratando de temas como cosmologia, medicina, botânica ou geografia, só eram recebidos como verdade, ou seja, somente tinham seu valor reconhecido, se fossem assinalados com o nome do autor: Hipócrates disse, Plínio conta etc.

Nos séculos XVII e XVIII, a situação é outra: o discurso científico passa a valer por si mesmo, por uma verdade já aceita. É sua inserção num conjunto sistemático de pensamento científico que lhe confere valor, não importando muito o nome de quem o produziu. Quando se trata, porém, de literatura, a presença do nome do autor passa a ser preponderante. Diante de um texto literário, começa a surgir a pergunta: quem escreveu, onde, em que data e circunstâncias?

Terceira característica: a função autor não é apenas a espontânea atribuição de um discurso a determinado sujeito. Trata-se, ao contrário, de uma operação complexa, variando conforme cada época e cada cultura, uma construção específica do que chamamos de autor.

A princípio, o conceito de autor se relaciona a expressões como instância profunda, poder criador, projeto, lugar originário da escrita. Mas não é exatamente assim:

> de fato, o que no indivíduo é designado como autor (ou o que faz do indivíduo um autor) é apenas a projeção, em termos mais ou menos psicologizantes, do tratamento a que submetemos os textos, as aproximações que operamos, os traços que estabelecemos como pertinentes, as continuidades que admitimos ou as exclusões que efetuamos. Todas estas operações variam consoante as épocas e os tipos de discurso. Não se constrói um 'autor filosófico' como um 'poeta'; e no século XVIII não se construía o autor de uma obra romanesca como hoje. (p. 51)

Embora haja, nos diversos períodos históricos, alguns aspectos invariáveis no modo de construção da figura do autor, cada época e cada cultura têm sua própria maneira de delegar ao indivíduo o distintivo autoral, de fazer de um indivíduo um autor.

Por fim, como quarta e última característica, Foucault nos diz que, por trás da palavra autor, se esconde não apenas um mas vários *eus*. Assinar um texto não garante a quem o escreveu nenhuma homogeneidade, já que, no decorrer do texto, aquele que recebe o nome de autor vive constantes metamorfoses:

> todos os discursos que são providos da função 'autor' comportam esta pluralidade de 'eus'. O eu que fala no prefácio de um tratado de matemática – e que indica as circunstâncias da sua composição – é diferente, tanto na sua posição como no seu funcionamento, daquele que fala numa demonstração e que surge sob a forma de um 'Eu concluo' ou 'Eu suponho': num caso, o 'eu' reenvia para um indivíduo sem equivalente que, num lugar e num tempo determinados, fez um certo trabalho; no segundo caso, o 'eu' designa um plano e um momento de demonstração que qualquer indivíduo pode ocupar, desde que tenha aceitado o mesmo sistema de símbolos, o mesmo jogo de axiomas, o mesmo conjunto de demonstrações prévias. Mas poderíamos ainda, no mesmo tratado, delimitar um terceiro eu; aquele que fala do significado do trabalho, dos obstáculos encontrados, dos resultados obtidos, dos problemas que ainda se põem; este eu situa-se no campo dos discursos matemáticos já existentes ou a existir. A função autor não é assegurada por um destes 'eus' (o primeiro) à custa dos outros dois, que aliás não seriam então senão o seu desdobramento fictício. Importa dizer, pelo contrário, que em tais discursos a função autor desempenha um papel de tal ordem que dá lugar à dispersão destes três 'eus' simultâneos. (p. 56)

O autor, portanto, como se vê pela exposição de Foucault, passaria a ser agora não o *dono* do discurso, marcando com seu nome o texto como se lavra um título de propriedade, mas um elemento do discurso, uma figura que *funciona no discurso*, uma função, portanto, e não necessariamente um indivíduo.

A definição da função autor é a tentativa de mostrar que as relações entre autor e obra são muito mais complexas do que podem parecer a princípio. Mais que isso, Foucault aponta para questões polêmicas, já que seu discurso é construído sempre nos limites de outras duas preocupações: o modo como cada cultura elabora seus próprios conceitos e as relações de poder que se estabelecem nessa cultura a partir do lugar de maior ou menor valor que cada conceito ocupa.

Outro ponto importante do ensaio: considerando que o autor é pura ausência, que o nome desaparece pouco a pouco do discurso, resta a pergunta: o que, ou quem, passaria a ocupar o espaço vazio deixado pelo autor?

Foucault afirma:

> Mas não chega, evidentemente, repetir a afirmação oca de que o autor desapareceu. Do mesmo modo, não basta repetir indefinidamente que Deus e o homem morreram de uma morte conjunta. Trata-se, sim, de localizar o espaço deixado vazio pelo desaparecimento do autor, seguir de perto a repartição das lacunas e das fissuras e perscrutar os espaços, as funções livres que esse desaparecimento deixa a descoberto. (p. 41)

•

"Palavra e imagem", de Eisenstein, funciona, embora não de forma explícita, como um verdadeiro manifesto a favor da montagem: "Houve um período do cinema soviético em que se proclamava que a montagem era 'tudo'. Hoje estamos no final de um período no qual a montagem foi considerada como 'nada'." (p. 13)

O cineasta e ensaísta defende a tese de ser a montagem, na construção cinematográfica, a garantia de que o produto final irá se apresentar como um todo orgânico, coerente, estabelecendo as relações de agenciamento entre a trama, o cenário, o som e os demais componentes do filme.

Mais do que uma digressão teórica sobre cinema, o texto de Eisenstein trata da construção de qualquer discurso. Ele afirma que dois pedaços de filme colocados juntos criam um terceiro elemento, resultado da justaposição das duas figuras anteriores. Este elemento é exatamente o significado, e se constitui de algo mais que apenas a primeira e a segunda figuras vistas individualmente. E estende o conceito para outras linguagens:

> Esta não é, de modo algum, uma característica peculiar do cinema, mas um fenômeno encontrado sempre que lidamos com a justaposição de dois fatos, dois fenômenos, dois objetos. (p. 14)

No caso específico da literatura, há várias maneiras de se utilizar a montagem. Ela está presente na escolha das palavras, na pontuação, na construção de personagens, no cenário e na sequencialidade do enredo, ou na opção por certa rima, certa mensuração do verso, esta ou aquela localização da palavra na folha em branco.

Para exemplificar a utilização da montagem literária, Eisenstein recorre a *Bel-ami*, de Maupassant, na passagem em que George Duroy espera ansiosamente no fiacre por Suzanne, que aceitou fugir com ele aquela noite, às doze horas em ponto:

> Tornou a sair às onze horas, errou durante algum tempo, tomou um fiacre e mandou parar na Place de la Concorde, junto às arcadas do Ministério da Marinha.
> De vez em quando acendia um fósforo, para olhar a hora no relógio. Quando viu aproximar-se a meia-noite, sua impaciência tornou-se febril. A todo instante punha a cabeça na portinhola para olhar.

Um relógio distante deu doze badaladas, depois outro mais perto, depois dois juntos, depois um último, muito longe. Quando este acabou de tocar, pensou: 'Acabou-se. Deu tudo errado. Ela não virá'. Estava entretanto resolvido a ficar até de manhã. Nestes casos é preciso ser paciente.

Escutou ainda tocar um quarto, depois meia hora, depois três quartos; e todos os relógios repetiram a 'uma', tal como tinham anunciado a meia-noite... (p. 22)

Há vários aspectos a ressaltar nesse trecho, com relação ao processo de montagem. Dentre eles, o cineasta destaca a habilidade de Maupassant na criação da ideia de meia-noite.

Para Eisenstein, existe uma diferença entre o conceito de *representação* e o conceito de *imagem*, diferença que pode ser bem exemplificada na passagem citada. A representação é a figura em si, a materialidade de cada fotograma: o desenho, a cor, a luz etc. A imagem, no entanto, é a sensação obtida pela apresentação sequencial de vários fotogramas diferentes, é uma sensação única provocada pelas várias representações.

Um gato preto, à noite, numa rua mal iluminada, é uma representação. Seguida, porém, de outras: a lua cheia surgindo entre nuvens escuras, um lobo uivando à beira de um penhasco, um vulto se esgueirando por entre as casas na rua deserta, vai gerar uma imagem: a de mistério ou terror.

No caso de *Bel-ami*, Eisenstein observa que o texto, para produzir a imagem emocional da meia-noite, não se limitou a dizer que primeiro bateu meia-noite e depois uma hora. Temos várias representações: a de diversos relógios, em diferentes pontos da cidade, fazendo soar as doze badaladas e formando assim, pelo processo de montagem, a imagem de tensão, de desespero que a meia-noite vai significar para George Duroy, em sua ansiosa espera.

Para Eisenstein, *Bel-ami* funciona como um modelo requintado de estilo de roteiro cinematográfico, no qual o som das doze horas é apresentado por meio de uma série completa de planos tomados de diferentes posicionamentos de câmera: distante, mais perto, muito longe. E complementa:

> Este badalar dos relógios, registrado a várias distâncias, é como a filmagem de um objeto a partir de diferentes posições da câmera e repetida numa série de três diferentes enquadramentos: 'plano geral', 'plano médio', 'plano de conjunto'. Porém, a badalada real ou, mais corretamente, a batida variada dos relógios de modo algum é recolhida por sua virtude como um detalhe naturalista de Paris à noite. O efeito primário destas batidas conflitantes de relógios em Maupassant é a ênfase insistente na imagem emocional da 'meia-noite' fatal, não a mera informação: 'zero hora'. (p. 22)

É, portanto, a seleção e a combinação de representações de relógios na cidade de Paris que formará a pretendida imagem da meia-noite. Sem sair do território da palavra escrita, Maupassant reúne representações sonoras e visuais que, montadas, dão a seu texto essa dimensão cinematográfica.

A seguir, Eisenstein discorre sobre o processo de montagem na construção do personagem pelo ator, e se detém depois nos modos como se dá a utilização desse recurso também na música, na pintura, na poesia.

A montagem, no entanto, não é uma condição natural apenas da elaboração do texto. Todo leitor, no ato da leitura, é levado a percorrer, à sua maneira, caminho semelhante: montar ou remontar o objeto já anteriormente montado pelo autor.

Diante de um quadro, por exemplo, o olhar do leitor inicialmente se detém num determinado elemento, atraído pela cor, pelo traço, pela textura, e depois de passear os olhos por todo o quadro o leitor relaciona, combina as impressões que obtivera à primeira vista, efetivando assim sua montagem particular. No cinema, o processo será outro, já que o olhar vai sendo guiado, com maior ou menor liberdade conforme o filme, pelo movimento na tela. Na literatura, a diferença se estende pela própria mudança da linguagem visual para a verbal.

Mas ainda que cada objeto, em sua modalidade específica, exija diferentes abordagens, teremos sempre um leitor que, através da montagem, confere significados ao texto.

Eisenstein apontava para o papel ativo do leitor na construção da obra. Segundo ele, o cineasta, antes de começar o filme, tem diante de si uma imagem que personifica emocionalmente um tema. Sua função é criar representações parciais básicas que, habilmente combinadas, levem o espectador a produzir para ele próprio, espectador, essa imagem percebida inicialmente pelo cineasta.

Tal concepção poderia levar a pensar que, no final das contas, o leitor continuaria numa situação passiva, pois caberia a ele apenas referendar ou não a imagem pretendida pelo cineasta, não lhe cabendo a opção de também exercitar-se como criador. Mas não se trata disso, porque "a imagem desejada não é fixa ou já pronta, mas surge – nasce". (p. 27)

Na página seguinte, a necessidade de participação do espectador para a efetiva construção do filme é reforçada:

> A imagem concebida pelo autor se tornou carne e osso da imagem do espectador... Dentro de mim, espectador, esta imagem nasceu e cresceu. Não apenas o autor criou, mas eu também – o espectador que cria – participei. (p. 28)

E ainda: para Eisenstein, o que diferencia um filme empolgante de outro que não vai além da mera apresentação de uma informação ou do registro de um acontecimento é a capacidade de estimular, no espectador, o processo criativo. E acrescenta que essa consideração, esse critério de valor, serve não apenas para o cinema como para qualquer obra de arte.

•

Publicado originalmente como um prefácio de Proust para a sua tradução de *Sesame and Lilies*, de John Ruskin, de 1905, *Sobre a leitura* acabou virando um pequeno livro. Dele, recorto um trecho que de alguma forma dialoga com o pensamento de Eisenstein a respeito das relações entre o processo criativo levado a cabo pelo cineasta e aquele por que passa o espectador.

No trecho recortado, Proust esboça uma ideia semelhante àquela que, décadas mais tarde, Eisenstein vai desenvolver no seu ensaio sobre a montagem. Para Proust, escrever e ler são duas faces cambiáveis do que consideramos literatura e se articulam numa espécie de continuidade entre uma e outra:

> Sabemos muito bem que nossa sabedoria começa onde a do autor termina, e gostaríamos que ele nos desse respostas, quando tudo o que ele pode fazer é dar-nos desejos. Estes desejos, ele não pode despertar em nós senão fazendo-nos contemplar a beleza suprema à qual o último esforço de sua arte lhe permitiu chegar. Mas por uma lei singular e, aliás, providencial da óptica dos espíritos (lei que talvez signifique que não podemos receber a verdade de ninguém e que devemos criá-las nós mesmos), o que é o fim de uma sabedoria não nos aparece senão como começo da nossa, de sorte que é no momento em que eles nos disseram tudo que podiam nos dizer que fazem nascer em nós o sentimento de que nada ainda nos disseram. (pp. 30-31)

O leitor chega da escola e vai para a mesa da sala. Pega o caderno, abre e escreve, de memória, a história que a professora contou para a turma naquele dia – uma fábula.

Já nessa época o escritor e o leitor conviviam, quase amigavelmente. É o que está acontecendo na cena que vemos agora, nesse instante em que um e outro são praticamente a mesma pessoa, um lançando no papel, como se fossem dele (e por que não seriam?), as palavras que o outro ouviu na escola, pela voz da professora.

À noite, quando chegar do trabalho, o pai do leitor vai datilografar para ele, na velha e inseparável Olivetti verde-escuro, o que o menino escreve devagar no seu caderno, com todo o capricho.

O pai tem sempre o cuidado de pegar uma folha de papel e dividi-la em quatro partes iguais, preparando assim as páginas do futuro livrinho. Nessas pequenas páginas o pai datilografa o conto que o menino julga ser dele. Texto pronto, todo vistoso no papel branco, será a vez de a mãe entrar em cena.

Tem muita sorte o leitor, muita sorte mesmo: seu pai é professor de datilografia e sua mãe costura que é uma beleza. Não fosse assim e as quatro folhas não estariam agora na máquina de costura da mãe. Antes, a mãe já fizera a capa e a contracapa, em cartolina, com desenho feito pelo leitor.

Agora o livro vai sendo costurado com linha colorida e em alguns minutos lá estará ele, ao lado dos outros, compondo o pequeno e valioso acervo de fábulas reescritas pelo leitor.

Na capa, em letras grandes, o título deste que acaba de ficar pronto: O LEÃO E O RATINHO. E logo abaixo, em letras menores, lê-se o nome completo do menino, gravado ali como um ensaio do que vai fazer quando ficar mais velho, os livrinhos servindo como seus primeiros exercícios (ele não sabe ainda) de autoria.

Num dos capítulos de *Semiótica e literatura*, intitulado "Você sabe ler objetos?", Décio Pignatari comenta que a explosão de informações dos tempos atuais vem seguida de uma outra explosão: a da linguagem. A rapidez com que nos são fornecidos novos dados, forjados ou não, sobre a realidade, sobre nosso passado e futuro, leva à necessidade de criação ininterrupta de novas linguagens: na televisão, no cinema, no trânsito, na arquitetura, na publicidade, na informática, na literatura, nos códigos com que lidamos na Babel cotidiana. Até mesmo os mais simples objetos de consumo, observa Pignatari, começam a perder sua condição de meros utensílios para adquirirem condição de signos, dando sentido a uma frase que talvez defina bem o festival da linguagem do nosso tempo: *consumir é comunicar-se.*

Já no início do século XX, João do Rio nos alertava, em suas crônicas, para a importância de estender um pouco mais o conceito de leitura, ampliando-o para o texto não verbal estampado nas ruas da cidade. Lendo *A alma encantadora das ruas*, aprendemos com o cronista que observar com atenção um prédio antigo, tentar entender suas linhas, cores, sua dimensão, arriscar uma data provável de construção, nomear o prédio com um estilo, um recorte na tradição arquitetônica, supor qual o motivo de ter sido construído ali e não em outro lugar, relacioná-lo com as outras construções em volta, com a arquitetura do bairro e da cidade, tudo isso é ler o prédio. Leitura aparentemente despretensiosa mas na verdade infinitamente rica, porque inscrita na alma do dia a dia.

Nossa sobrevivência, enquanto indivíduos inseridos num contexto histórico – e por sobrevivência entenda-se não apenas o aspecto material mas a permanência de nossos pequenos, grandiosos, assumidos ou secretos sonhos – depende não apenas de nossa capacidade de leitores de palavras, mas de nossa destreza enquanto leitores de outras linguagens.

Tudo pode ser lido, mas há diferenças. Entre as diversas linguagens, é possível estabelecer uma primeira distinção, a partir de um dado óbvio: o conhecimento ou não do código escrito. De um lado, as linguagens que demandam um leitor alfabetizado, capaz de identificar signos escritos e relacioná-los entre si a partir de uma gramática da língua. De outro, as linguagens não verbais, cujo acesso, pelo menos no nível mais primário de leitura, está disponível a todos. Seria necessário situar, ainda, um terceiro grupo, onde palavra e imagem dialogam, como no cinema, no teatro, na televisão, nos anúncios publicitários espalhados pela cidade.

A princípio, portanto, a distinção passaria pela existência ou não de um código: não posso ler um romance se não for um cidadão alfabetizado. Mas seria possível uma linguagem *sem* código?[3] Assim como existe uma gramática da língua, escrita e falada, não existiria também uma *gramática da imagem*?

Nos primeiros anos do nosso século, como registra Jean-Claude Carrière em "Algumas palavras sobre uma linguagem", primeiro capítulo de *A linguagem secreta do cinema*, era comum a presença, nos cinemas, bem ao lado da tela, de um homem que explicava ao público o que estava acontecendo no filme. De pé, com um bastão, o *explicador*, como era chamado, apontava os personagens na tela e explicava o que estavam fazendo. A figura do *explicador* só desaparece, pelo menos na Espanha, como afirma Carrière, na década de 1920.[4] A presença desse homem é dispensável hoje porque, bem ou mal, já fomos *alfabetizados* na linguagem cinematográfica. O cinema, como a fotografia, nos presenteou com um novo modo de olhar o mundo.

---

[3] Ver, a propósito, o ensaio "A mensagem fotográfica", de Roland Barthes, in: *O óbvio e o obtuso*. Trad. Léa Novaes. Rio de Janeiro: Nova Fronteira, 1990.

[4] O cineasta Luis Buñuel, em sua infância na Espanha, conheceu esse hábito, que se manteve por mais tempo em certas regiões. Na África, por exemplo, segundo Carrière, a função de *explicador* era exercida ainda na década de 1950.

Ainda que não pensemos nisso quando lemos um cartaz, um quadro, um filme, temos, internalizada na nossa estratégia pessoal de leitura, uma gramática da imagem, ou, sendo mais preciso, uma gramática *das* imagens.

Cada leitura pede seu ritual próprio. Ler um romance não é o mesmo que ler um poema ou uma notícia de jornal, ainda que muito da literatura do nosso século tenha contribuído para apagar os limites entre os gêneros do texto escrito. Da mesma forma, não é a mesma coisa assistir a um filme no cinema ou a uma novela na TV. Se vou ao cinema, obedeço a um ritual específico: sair de casa, chegar ao cinema, comprar o bilhete, estar no meio de outras pessoas (que, na sua maioria, não posso ver), estar diante de uma tela, diante de um som amplificado, de uma narrativa sem intervalos, o que não acontece quando vejo TV, quando, então, sigo o ritual caseiro: poltrona, solidão (ou pessoas conhecidas), interrupções várias (telefone, vizinho, barulho da rua), intervalos comerciais.

Também não leio uma fotografia do mesmo modo que um filme ou uma novela, conforme observa Susan Sontag em "Na caverna de Platão", um dos estudos de *Ensaios sobre fotografia*. Segundo Susan, "as fotografias são experiências capturadas", e podem, ao contrário das imagens em movimento, ser lidas com mais vagar, oferecendo ao leitor uma sensação de posse, de *captura* que as imagens em movimento não podem oferecer.

Os rituais de leitura nos mostram que cada texto, palavra ou imagem, é um recorte no plano mais amplo da linguagem, e pede uma leitura específica. E a questão torna-se mais complexa quando levamos em conta os rituais de leitura individuais – o ritual de cada leitor.

•

Diz a máxima latina: *Qui scribit bis legit*. Quem escreve lê de novo.

Escrever é ler de novo, agora pelo gesto enviesado da escrita. E se isso é verdade, também se pode retocar a frase, dando-lhe um novo sentido: escrever é escrever de novo.

Como nos ensina Borges, um livro é sempre a memória de outros livros. Escrevo com o que sou: o que já vivi, o que já li, o que escrevi antes. Na hora da escrita, no entanto, parece descer sobre aquele que escreve um esquecimento estratégico: é só esquecendo o que foi escrito até então que posso partir para o novo. Essa amnésia fingida é a condição da inventividade.

Na reescrita, porém, o escritor de novo se lembra e se porta agora como leitor. Lendo o que escreveu, vai mapeando o rastro de tudo aquilo que leu e que aparece na sua escrita ou de forma explícita, citacional, ou como uma espécie de sombra, percorrendo o texto nos seus atalhos, desvios, suas veredas. Se vai dar corpo à sombra ou transformar em sugestão o que está à mostra, cabe a ele decidir.

A escrita, portanto, tem seu limite: a memória de quem escreve. É ela que vai moldando cada palavra, frase, parágrafo, dando corpo ao texto, limitando e, dessa forma, traçando o desenho daquilo que o escritor tem para expressar.

Também a leitura funciona nessa fronteira. Ler é reler. Quando leio, por exemplo, o "Pierre Menard", de Borges, aciono a leitura que fiz do *Quixote*, de Cervantes, e do *Amadis de Gaula*, e de outros romances de cavalaria. Leio o conto de Borges relendo tudo isso e ainda, entre outros, o *Cavaleiro inexistente*, de Calvino.

Num dos episódios de *Sonhos*, de Akira Kurosawa, um jovem pintor lê quadros de Van Gogh numa exposição. Para mais detidamente diante de um deles, *Le Pont de Langlois*. A câmera subjetiva mostra o que o jovem observa: uma parede, e nela o quadro. Aos poucos, a câmera vai se aproximando até que a moldura do quadro coincida com a moldura da tela. Nesse momento em que quadro e tela, em que pintura e cinema são um só, as lavadeiras pintadas por Van Gogh começam a se mover. A carroça, destinada a permanecer eternamente sobre a ponte, entre as duas margens do rio, ganha movimento e segue seu caminho.

O episódio tem como título "Corvos". Já na própria leitura do título minha memória começa a desenhar fronteiras: sei que "Corvos" remete ao quadro *Champs de blé aux corbeaux*, de Van Gogh, e saber disso já estabelece uma expectativa, ou seja, um limite. Posso, claro, ler o conto de Borges e o filme de Kurosawa sem ter lido antes Cervantes ou Van Gogh, mas não posso, se já li esses dois últimos, deixar de levá-los comigo para a leitura do conto ou do filme. Não posso não lembrar. Minha memória me ajuda a reescrever o texto que leio, dando uma forma, impedindo que a leitura se perca no caos.

O que já li funciona como um caminho pelo bosque de caminhos que se bifurcam. A memória limita minha leitura, mas limita para torná-la mais livre em seguida, para permitir que eu leia sempre somando.

•

Se a figura do autor propriamente dito é substituída pela função autor, que é determinada e articulada pelo sistema institucional e jurídico e nele está inserida, deve-se lembrar também que esse sistema é, por sua vez, formado e condicionado não apenas pela função autor mas também por outras funções. Entre elas – por que não? – uma ainda não conceitualizada teoricamente: a *função leitor*.

Foucault nos diz que não se constrói "um 'autor filosófico' como um 'poeta'; e no século XVIII não se construía o autor de uma obra romanesca como hoje". (p. 51)

Numa outra formulação, seria possível afirmar: não se lê um filósofo como se lê um poeta, e no século XVIII não se lia um romance como se lê hoje.

Acredito que a elaboração mais consistente de uma função leitor possa contribuir para o aprofundamento da provocação lançada por Foucault.

Propor tal elaboração, no entanto, não significa partir do pressuposto de que, no lugar da figura destronada do autor da obra, coroaríamos simplesmente seu leitor. O esfacelamento do sujeito implica também o do leitor, e é nesse sentido que pode ser entendida a crítica de Foucault ao ato de interpretar. O lugar daquele que lê é também um lugar de sujeito. E se esse lugar é agora um *entrelugar*, de onde estaria ele falando, que autoridade teria para dar significado a um texto?

Pensar uma *função leitor* é concordar com Foucault e partir para um desdobramento teórico da ideia de dissolução do autor. Trata-se de elaborar uma conceituação que não se esgote na pura análise textual ou na afirmação de que o leitor pode tudo, numa espécie de inventividade absoluta. De certa maneira é isso a que nos induz o pensamento de Foucault, ao defender a ideia de que somos mais do que um nome, de que somos formados por uma multiplicidade de objetos e sujeitos, que escrevemos e lemos tanto quanto somos escritos e lidos.

Sem a pretensão de esgotar tema tão complexo, pode-se pensar em dois encaminhamentos para a questão das relações entre texto, autor e leitor, a partir do que já foi apresentado aqui.

Primeiramente, sabendo-se que nenhuma função age dissociada de outras funções, seria necessário definir a função leitor no seu confronto ou cruzamento com a função autor. E, lembrando as lições de Tynianov, traçar a articulação de ambas com as outras instâncias – *séries* e *sistemas* – da cultura, sabendo que passam sempre, como defende o teórico russo, pela linguagem.[5]

Em segundo lugar, como decorrência da elaboração anterior, inserir a discussão nas pistas sugeridas por Foucault: saber quais os espaços deixados livres pelo desaparecimento do autor, que novas

---

[5] A esse propósito, ver o artigo "Da evolução literária", de Tynianov, in: EIKHENBAUM et al. *Teoria da literatura: formalistas russos*. Trad. Ana Mariza Ribeiro e outros. Porto Alegre: Globo, 1976.

funções teriam surgido e como estariam entrelaçadas as funções autor e leitor na produção e recepção do texto, recolocadas agora numa outra situação – numa outra relação de poder.

•

Se o ato de ler, e não apenas o de escrever, é inventar, se ler implica assumir o lugar da criação e não mais o da mera recepção passiva, talvez seja o caso de sugerir uma outra pergunta: existiria uma *autonomia* do leitor?

Em *Interpretação e superinterpretação*, Umberto Eco se dá conta de que uma teoria da inventividade do leitor oferece alguns riscos:

> Tenho a impressão de que, no decorrer das últimas décadas, os direitos dos intérpretes foram exagerados. (...) Em meus escritos mais recentes, elaborei a ideia peirciana da semiótica ilimitada (...) Uma semiótica ilimitada não leva à conclusão de que a interpretação não tem critérios (...) Interpretar um texto significa explicar por que essas palavras podem fazer várias coisas (e não outras) através do modo pelo qual são interpretadas. (pp. 27-28)

E exemplifica:

> Se devemos concluir se a frase 'a rosa é azul' aparece no texto de um autor, é necessário descobrir no texto a frase completa 'a rosa é azul'. Se encontramos na página 1 o artigo 'a', na página 50 a sequência 'ros' no corpo do lexema 'rosário' e assim por diante, não provamos nada, pois é óbvio que, dado o número limitado de letras do alfabeto que um texto combina, com esse método poderíamos encontrar absolutamente qualquer informação que desejássemos, em qualquer texto. (p. 67)

Assim como existe uma *intentio autoris*, uma intenção do autor, e uma *intentio lectoris*, intenção do leitor, existe também um terceiro elemento, que Eco denomina *intentio operis*, intenção da obra. E enquanto a *intentio autoris* – aquilo que o autor quis dizer – é muito difícil de ser definida e, de resto, resulta irrelevante para a interpretação, e a *intentio lectoris* – o desejo individual do leitor, aquilo que ele procura no texto – também se mostra arredia a uma definição mais precisa, embora resulte decisiva na doação de significados ao texto, a *intentio operis*, por sua vez, pode e deve ser deduzida a partir da leitura do próprio texto. Da leitura do texto, diga-se, não apenas no seu aspecto mais evidente como também e sobretudo nas suas sugestões, na *letra sonegada*.

A *intentio operis* funcionaria, portanto, como um elemento regulador, colocado entre aquilo que o autor quis dizer e aquilo que o leitor gostaria de ler.

Num século caracterizado pela velocidade das mudanças, teríamos experimentado a passagem do modelo estruturalista, em que só o próprio texto merece ser estudado, para uma teoria da semiótica ilimitada, até chegarmos, enfim, a um conceito mais equilibrado: o de que existe uma relação de diálogo entre texto e leitor.

Ler seria, então, investir no texto minha inventividade até as fronteiras que o texto me propõe. Minha leitura teria dois limites: o que sei e o que o texto sabe.

Quando o texto quer me seduzir, tem que fazer por onde. É o que nos diz Barthes, em *O prazer do texto*: "O texto que o senhor escreve tem de me dar a prova de que ele me deseja." (p. 11)

De minha parte, quando quero uma leitura de sedução, devo procurá-la onde ela se oferece e não onde quero que se ofereça.

Aventura limitada. Mas entre o que sei e o que o texto sabe cabe tanta coisa que ler parece infinito. No conto "A biblioteca de Babel", de Borges, em *Ficções*, há um espelho no saguão da biblioteca que duplica as aparências fielmente. Os homens costumam inferir desse espelho que a biblioteca é finita, caso contrário por que essa duplicação ilusória, esse fingimento de infinito? O narrador acredita que o espelho está aí para *representar e prometer* o infinito. E, como ele mesmo nos diz, sua solidão se alegra com essa elegante esperança.

•

Ainda sobre a questão dos limites do texto, do autor e do leitor, cabem algumas palavras de Roger Chartier, agora acrescentando à discussão um novo ponto, o das maneiras de ler, das convenções de leitura como limites a uma liberdade absoluta do leitor:

> A leitura é sempre apropriação, invenção, produção de significados. Segundo a bela imagem de Michel de Certeau, o leitor é um caçador que percorre terras alheias. Apreendido pela leitura, o texto não tem de modo algum – ou ao menos totalmente – o sentido que lhe atribui seu autor, seu editor ou seus comentadores. Toda história da leitura supõe, em seu princípio, esta liberdade do leitor que desloca e subverte aquilo que o livro lhe pretende impor. Mas esta liberdade leitora não é jamais absoluta. Ela é cercada por limitações derivadas das capacidades, convenções e hábitos que caracterizam, em suas diferenças, as práticas de leitura. Os gestos mudam segundo os tempos e lugares, os objetos lidos e as razões de ler. Novas atitudes são inventadas, outras se extinguem. Do rolo antigo ao códex medieval, do livro impresso ao texto eletrônico, várias rupturas maiores dividem a longa história das maneiras de ler. Elas colocam em jogo a relação entre o corpo e o livro, os possíveis usos da escrita e as categorias intelectuais que asseguram sua compreensão. (p. 77)

Ler deitado, em pé, no sofá, na rede, na poltrona, na relva (bela palavra), ler na tela, no papel, na tábua, no papiro. Ler em silêncio, em voz alta, ler com os dedos, com o rosto colado na página, com uma pequenina lanterna no escuro do ônibus (você já fez isso?). Ler o quê? Onde e como?

Há que se escrever ainda, parece sugerir Chartier – e com ele concordar Jean Lebrun, seu entrevistado no livro – uma história das maneiras de ler, do corpo e dos gestos dos leitores, tempo e lugar afora. E quem sabe essa história nos ajude também a entender certos limites, repressões e rupturas. Por que não?

•

Uma das definições de livro clássico que Calvino nos oferece, em *Por que ler os clássicos*: "Um clássico é um livro que nunca terminou de dizer aquilo que tinha para dizer." (p. 11)

Talvez o leitor não queira ouvir o que o livro ainda tem a dizer, o que é um direito seu, claro. Ou talvez, e aí seria preocupante, o leitor esteja lendo depressa demais, o que o impede de ouvir o que o livro está lhe dizendo, ou tentando dizer. Para ler, é preciso ter ouvidos.

•

Tentativa de definição. Escritor: um leitor que escreve.

•

Capítulo possível (mas não escrito) para um livro sobre leitura (este, por exemplo): as delicadas relações – na vida real – entre escritor e leitor. Para tal capítulo imaginário poderia ser aproveitado um parágrafo do livro de Faguet:

Algumas preferências às avessas são dignas de nota. Tal autor é preferido por um leitor não porque esse leitor lhe considere de espírito justo, mas porque considera seu espírito falso, o que dá ao leitor o prazer de ter sempre razão ou de acreditar sempre ter razão sobre ele, motivo pelo qual é a esse autor que o leitor volta assiduamente. Ao entrar em sua biblioteca, esse leitor vai diretamente a esse autor e senta-se dizendo, de modo mais ou menos consciente: "Como eu vou ter razão! Como eu vou ter o espírito justo!" Eu aconselharia a esse leitor que trocasse de autor favorito. (p. 23)

•

Ler se equipara a escrever. Mas a liberdade do leitor esbarra nos limites do texto. Não existiria, nesse sentido, uma autonomia completa da leitura, mas a promessa de uma autonomia que nos permite ler no quase ilimitado.

E quanto a escrever, há autonomia? Na verdade, escrever também tem seus limites. E se a leitura só vai até onde o texto permite, a não ser que se transforme em superinterpretação, a liberdade do texto é controlada o tempo todo justamente pelo leitor.

Quem escreve é *vigiado* pelo leitor. Escreve-se sempre em liberdade condicional. Nunca se escreve apenas para si mesmo, nem quando se trata de um diário íntimo porque, nesse caso, o próprio diário, confidente de papel, é uma espécie de leitor fingido, ou, numa hipótese radical, na escrita do diário quem escreve se converte em leitor do que escreve.

Se, por acaso, o escritor é conhecido e apreciado por um segmento de leitores, seu trabalho é ainda mais cerceado, porque nunca poderá fugir da escolha: escrever o que esperam dele ou o que não esperam. Qualquer outra opção deverá passar necessariamente por essa encruzilhada. Mesmo aquela terceira – escrever o que os leitores que o admiram esperam dele e, ao mesmo tempo, seduzir um outro segmento –, mesmo tal saída, ambiciosa e legítima, parte da situação anterior e é, portanto, um limite.

Escreve-se numa língua, para mantê-la casta ou subvertê-la, num certo registro, com uma extensão e um ritmo específicos. Escreve-se de dentro de uma tradição da escrita, assim como só se pode ler a partir de um momento particular dentro da tradição da leitura: o momento *daquele* leitor, e não de outro.

•

O leitor já era bem grandinho quando voltou à casa da poeta, cujos livros ele agora já havia lido. Tinha vinte anos então e há dois morava no Rio de Janeiro, para onde se mudara movido pelo sonho de um dia se tornar escritor. Tinha escrito alguns poemas (muito ruins) e uma coletânea de contos que ele tentava, em vão, publicar.

A poeta não o recebeu com o mesmo sorriso de quando ele era menino. Talvez não estivesse num bom dia, pensou, ao entrar e sentar-se diante dela, que o recebeu na sua cadeira de balanço, a rabiscar qualquer coisa numa caderneta.

"Versos?", perguntou o leitor, tentando puxar assunto.

"Não. Lista de compras. Para os doces."

Ela lhe perguntou onde o rapaz morava e ao dizer o nome da cidade a poeta lhe disse que gostaria de ir ao Rio para ver um velho amigo, que na verdade ela só conhecia de cartas. Chamava-se Carlos.

O leitor sabia que se tratava de Carlos Drummond de Andrade, havia lido a reprodução de uma carta dele endereçada a Cora, na quarta capa de um dos livros dela. Quis contar que um dia viu o poeta caminhando numa rua do Leblon e o seguiu por algum tempo, sem saber por quê. Pensou em lhe contar isso mas teve receio de parecer bobo demais.

Ficaram calados um tempo, o leitor e a poeta, ouvindo o barulho do rio correndo lá fora. Depois de um tempo ele finalmente criou coragem e disse a ela que também era escritor. Cora pareceu não dar a mínima importância para o que acabara de ouvir.

Mais uma pausa, para ele um longuíssimo intervalo de silêncio, o leitor já ensaiando uma forma de ir embora, quando ela, de repente, lhe perguntou à queima-roupa:

"O que é mais importante para um escritor?"

O leitor, afoito, não pensou duas vezes antes de responder: "Publicar."

Foi dizer isso e logo se arrepender da bobagem. Se a resposta em si já não era lá muito brilhante, acabou se tornando bisonha, dadas as circunstâncias – a poeta, apesar de ter começado a escrever aos catorze anos de idade, só publicou seu primeiro livro aos setenta e cinco!

"Não, meu filho, nada disso. A coisa mais importante para um escritor é escrever."

O leitor não gostou muito da resposta mas não deixou que ela percebesse. Mudou de assunto, perguntou pelos doces, comprou um pequeno pote de cajus cristalizados, pediu à poeta um autógrafo no seu surrado exemplar de *Estórias da casa velha da ponte* e antes de sair perguntou se poderia visitar o porão.

Desceu então pelo mesmo caminho da sua infância, entrou novamente na úmida escuridão, carregada de histórias reais que ele nunca iria ouvir, caminhou até a janela, viu o rio e os peixes. Tentou falar com eles mas agora não dava mais, já se esquecera de como se falava língua de peixe. Só lhe restava reler o velho livro de antes, mas sem palavras, apenas as imagens da água correndo, sempre, dos pequenos peixes coloridos, de um sol fraquinho iluminando as roupas no varal, no quintal da casa do outro lado do rio (estavam lá antes, a casa, o varal?).

Enquanto pensava em coisas difusas, por um momento o leitor pensou ter visto, sobre as águas, a sombra de um menino, debruçado na janela. Não, deve ter sido só impressão.

•

Como continuidade àquele capítulo não escrito do livro possível (este), o tal capítulo sobre as relações entre quem lê e quem escreve, talvez se pudesse acrescentar um outro comentário de Faguet, agora não exatamente sobre escritor e leitor mas sobre leitor e livro – o que seria uma variação do tema, não uma fuga.

Émile Faguet observa que o leitor de romance, para ser bom no seu exercício de leitura, precisa necessariamente ser alguém com bom conhecimento das relações humanas, entendendo por isso "um hábito bastante intenso de observar os homens ao seu redor". (p. 27)

A leitura de romances exigiria, do leitor, que não fosse apenas um entendedor da teoria ou da história da literatura, mas entendedor do mundo à sua volta e, claro, entendedor de si mesmo, dentro desse mundo. E para exemplificar, o autor nos conta um breve episódio:

> Ouvi uma mulher de 30 anos dizer: "Jamais pude compreender o que acham de interessante em *Madame Bovary*." Pensei em responder: "O que achamos de interessante em *Madame Bovary* é a senhora", pois não há mulher de 30 anos, não digo que não seja Madame Bovary, mas que não traga em si uma Madame Bovary com todas as suas aspirações, todos os seus sonhos e toda a sua concepção de vida. (p. 29)

•

Tão complexa quanto uma arte de ler seria uma outra possível arte, a de *reler*. E se foi com Faguet que começamos a falar da primeira, podemos seguir com ele para divagar um pouco sobre a segunda.

Segundo o pensador francês, há várias razões para reler. Dentre elas, o autor escolhe três.

A primeira: relemos para compreender melhor. Isto se aplicaria principalmente aos livros de ideias. Mesmo os mais claros dentre eles podem nos trazer alguma surpresa, algum dado novo ou um novo modo de ver algo que já nos parecia definitivo e que, de repente, se apresenta sob um prisma diferente. O mais importante, nesse tipo de releitura, é que, com ele, realizamos "um exercício de humildade bastante saudável". (p. 131)

Em segundo lugar, relemos para apreciar o detalhe e o estilo:

> A primeira leitura é para o leitor o que a improvisação é para o orador. É algo sempre um pouco impetuoso, por mais sensato que seja nosso temperamento, ou por mais que tenhamos um bom método de leitura, não podemos jamais nos impedir por completo a pressa, num filósofo, para ver qual é a ideia geral e quais são suas conclusões, num romancista, de conhecer o desfecho. Detestável precipitação, mas da qual ninguém está totalmente isento. (pp. 132-3)

Como afirma o autor, reler nos ensina a arte de ler.

Finalmente, relemos para nos compararmos a nós mesmos. Faguet nos diz que seria possível escrever nossa autobiografia a partir da comparação entre nossas impressões de leitura de um mesmo texto no correr do tempo. Daí que a releitura pode ser também – como a leitura – um exercício perigoso. Não se sabe exatamente o que encontraremos na viagem:

> "Eu admirava tanto isto! Onde eu estava com a cabeça?... Aí de mim! Estava onde está hoje, mas tinha mais sensibilidade e mais

imaginação." A impressão diante de uma paisagem ou diante de um livro depende daquilo que há ali e daquilo que ali colocamos. Em que proporção? Não se sabe. Na mesma, com certeza. Ora, essa paisagem e esse livro, decerto, têm tudo o que tinham, menos aquilo que você ali colocou e já não coloca mais. A depreciação de ambos é a medida da sua. Eles são eles menos você. Ao encontrar uma senhora que não via há muito tempo, um homem de idade hesitava: "Como!", disse a senhora, "já não me reconhece?" "Ai de mim, madame; mudei tanto!" É precisamente o que se deve dizer, mas sem malícia, e é a verdade, diante de um local ou de um livro que não mais reconhecemos. (p. 135)

Se para muitos – muitos mesmo! – a atividade de ler é considerada um luxo, algo supérfluo, daqueles que não têm mais o que fazer, imagine o que pensariam, estes, do exercício regular da releitura! E no entanto, bem ou mal, muito ou pouco, relemos. Parafraseando Drummond: reler é a luta mais vã, no entanto relemos mal rompe a manhã.

Tudo bem, que não seja toda manhã, mas relemos. E escolhemos o que reler, eis aí o início de uma questão. Não falo de quando somos obrigados à releitura, por força de algum trabalho qualquer, dever de ofício, mas da releitura espontânea. E se o fazemos, é porque temos algum critério de escolha. Se escolhemos – quando escolhemos – o que ler, obviamente escolhemos também o que reler. E se escolhemos o que ler e reler, é natural também que possamos escolher o que *não* ler. E chegamos então a uma terceira arte, que talvez mereça um pouco de atenção: a arte de não ler.

•

Um dos capítulos (o de número 24) de *Parerga und Paralipomena*, de Schopenhauer, intitulado "Uber Lesen und Bucher", ganhou uma tradução em português e foi editado em forma de um livro de bolso com o título *Sobre livros e leitura*. Entre suas breves e desconcertantes considerações sobre o tema, o filósofo diz: "a arte de não ler é sumamente importante." (p. 33)

E conclui:

> Os ruins nunca lemos de menos e os bons nunca relemos demais. Os livros ruins são veneno intelectual: eles estragam o espírito. Para ler o bom uma condição é não ler o ruim: porque a vida é curta, e o tempo e a energia, escassos. (p. 35)

Há educadores e pesquisadores do tema que defendem a ideia de que, para o trabalho de iniciação à leitura, em especial envolvendo crianças e adolescentes ou adultos que nunca gostaram de ler, a leitura de qualquer livro que de algum modo desperte a atenção pode ser um ponto de partida para o leitor iniciante empreender, futuramente, voos mais audaciosos.

Pode ser que isso de fato aconteça, mas não é a esse tipo de leitor que me refiro quando penso na arte de não ler. Penso no leitor já iniciado, que sente prazer na leitura e muitas vezes se aflige com o fato de não ter tempo para ler mais, para ler tudo – entendido, o *tudo*, como os clássicos, por um lado, e os contemporâneos do leitor, por outro.

Não me atrevo a dar conselhos a ninguém, mas posso adiantar que um dos princípios da arte de não ler, penso eu, é saber de antemão que você jamais conseguirá ler tudo. Embora isso pareça uma verdade bastante óbvia, na prática acaba não sendo, se transformando às vezes num tormento para leitores, digamos, um pouco mais obsessivos do que o normal.

Pois que seja este o primeiro mandamento da arte de não ler: não hás de consumir toda a biblioteca.

Você, aliás, não apenas não conseguirá tal façanha como também não deveria pensar em alcançá-la, para seu próprio bem. Como já se sabe desde pelo menos os escritos de Freud, o que mantém acesa a pulsão de vida (eros) é a falta, ou a vontade de suprir a falta. Ou, no caso de que tratamos: a *incompletude* é a condição da leitura.

Por isso, para não termos que desabar das páginas no vazio, é que muitas vezes adiamos a chegada à última página daquele romance.

Proust, em *Sobre a leitura*, diz algo a respeito:

> Depois a última página era lida, o livro tinha acabado. Era preciso parar a corrida desvairada dos olhos e da voz que seguia sem ruído, para apenas tomar fôlego, num suspiro profundo. Então, a fim de dar aos tumultos há muito desencadeados em mim outros movimentos para se acalmarem, eu me levantava, punha-me a caminhar ao longo da cama, os olhos ainda fixos em algum ponto que, em vão, se buscaria em meu quarto ou fora dele, porque ele não estava situado senão numa distância de alma, dessas distâncias que não se medem por metros e por léguas como as outras, e que, aliás, é impossível confundir com elas quando se olham os olhos "distantes" dos que pensam "em outra coisa." E aí? Esse livro não era senão isso? Esses seres a quem se deu mais atenção e ternura que às pessoas da vida, nem sempre ousando dizer o quanto a gente os amava, mesmo quando nossos pais nos encontravam lendo e pareciam sorrir de nossa emoção, e fechávamos o livro com uma indiferença afetada e um tédio fingido. Essas pessoas por quem se tinha suspirado e soluçado, não as veríamos jamais, jamais saberíamos alguma coisa delas (...) Queríamos tanto que o livro continuasse, e, se fosse impossível, obter outras informações sobre todos os personagens, saber agora alguma coisa da vida deles, empenhar a nossa em coisas que não fossem totalmente estranhas ao amor que eles nos haviam inspirado e de cujo objeto de repente sentíamos falta, não ter amado em vão, por uma hora, seres que amanhã não seriam mais que um nome numa página esquecida. (pp. 23-4)

Assim como não é nada fácil terminar um livro apaixonante, mais difícil ainda seria encerrar de vez toda a biblioteca, mesmo que isso fosse possível.

Não, você jamais lerá todos os clássicos e sequer deveria querer lê-los. E, caso lhe fosse permitido o ato sobrenatural dessa leitura completa, você iria se ver diante de um novo desafio, desta vez para acabar de vez com suas tolas esperanças: a *releitura* dos clássicos.

E você também jamais lerá todos os contemporâneos, dentre outras coisas porque há muito mais livros sendo publicados do que a sua capacidade — física, mental, emocional — de ler. Ninguém, nenhum leitor conseguiu isso, é o que você deve dizer a si mesmo diante do espelho, quando acometido da compulsão de devorar bibliotecas — a sua, a dos outros, as que não existem ainda.

Dito isso, partimos então para um segundo mandamento: não se acanhe em abandonar um livro no meio.

A primeira vez em que isso acontece pode ser doloroso, sobretudo para os leitores que cultuam o livro como a um objeto sagrado, que cuidam de cada um como se cuidassem do seu bem mais precioso (talvez seja).

Se por algum motivo lhe foi ensinado, ou você aprendeu sozinho, que só deve abandonar, ainda que provisoriamente, um livro após tê-lo lido por inteiro, esqueça. Algo sempre nos leva a um livro. Podemos ter sido levados a ele por indicação de um amigo, pela leitura de uma resenha no jornal, pela capa, pelo título, por ter sido comentado numa aula ou numa entrevista ou porque você viu uma pessoa fisicamente interessante a ler o tal livro dentro do ônibus. O motivo, por mais forte que tenha sido, pode simplesmente se esgotar na leitura da segunda ou terceira página. É mais raro acontecer na primeira, mas acontece também.

Abandonar uma leitura no meio é algo que exige muito do leitor e é talvez o momento mais difícil na aprendizagem da arte de não ler. É um rito de passagem, eu diria. E como um rito, deve ser cumprido. Se você ainda não o cumpriu, não se preocupe, mais cedo ou mais tarde essa hora vai chegar (espero que não exatamente agora).

•

Ainda sobre uma hipotética arte de não ler, seria interessante retomar uma afirmação de Barthes, no ensaio "Da leitura", em *No rumor da língua*. Para Barthes, há uma série de injunções, sociais e outras, que fazem da leitura:

> um *dever* em que o próprio ato de ler é determinado por uma lei: o ato de ler, ou melhor, se assim se pode dizer, o ato de *ter lido*, a marca quase ritual de uma iniciação. Não falo das leituras "instrumentais", que são necessárias à aquisição de um saber, de uma técnica e nas quais o gesto de ler desaparece sob o de aprender: falo das leituras "livres", que, no entanto, é necessário ter feito: *é preciso ter lido* (...) Durante muito tempo, quando a leitura era estreitamente elitista, havia deveres de leitura universal; suponho que a derrocada dos valores humanistas pôs fim a esses deveres de leitura: tomaram-lhes o lugar deveres particulares, ligados ao "papel" que o sujeito reconhece para si na sociedade de hoje; a lei da leitura não mais provém de uma eternidade de cultura, mas de uma instância estranha, ou pelo menos enigmática, ainda situada na fronteira entre a História e a Moda. O que estou querendo dizer é que existem leis de grupo, microleis, de que é preciso se livrar. Ainda mais: a liberdade de leitura, qualquer que seja o preço a pagar, é *também* a liberdade de não ler. (p. 46)

•

O leitor tem dezoito anos quando entra pela primeira vez na biblioteca da Universidade, onde começa a cursar Comunicação (no ano seguinte abandonaria o curso, mudando para Letras). Sua ideia era ir direto às estantes e ficar por ali, passeando a esmo pelos livros. Eram quatro horas da tarde e suas aulas só começariam às seis. Quando entra na biblioteca, no entanto, algo chama sua atenção e o faz bruscamente mudar de planos: uma varanda.

O leitor não conhece muitas bibliotecas mas decididamente isso não tira o efeito da descoberta: uma varanda. Quatro ou cinco mesas, nenhuma ocupada. Ele escolhe uma bem próxima ao parapeito e senta-se, sem nem se dar conta dos livros que alguém esquecera sobre a mesa.

Seus olhos se voltam para a paisagem (que jamais sairá de sua memória). Não é nenhum cartão-postal do Rio de Janeiro, dali não se vê o Pão de Açúcar, o Corcovado, a praia de Copacabana, nada do que ele se acostumara a ver na televisão quando mostravam a cidade. O que ele vê é um morro (mais tarde vão lhe dizer que se trata do morro da Mangueira), na verdade para ele aquilo não é morro mas montanha – tinha vindo do planalto, sua terra de céu imenso, sem recortes ao fundo, sem linhas subindo arredondadas no cenário.

As casas coloridas, meninos soltando pipas (na sua cidade chamavam de raias), homens e mulheres subindo e descendo pequenas ruas, tão estreitas. No sopé do morro, os trilhos e agora o trem passando longo e veloz – para onde?, ele se pergunta.

O trem o leva por um momento de volta para casa, não exatamente a sua mas uma outra, de parentes da sua mãe, em Ipameri (a cidade entre rios), no interior do estado de Goiás, a viagem de trem com os pais e os irmãos, a passagem sobre um precipício, o rio lá embaixo, muito lá embaixo, ele se perguntando como a ponte não caía com tanto peso.

O mesmo trem o traz de volta à tarde no Rio, à paisagem que ele vê da varanda da biblioteca, com os trilhos agora vazios, o morro ainda lá, e ao fundo, à direita, algo que o intriga: uma ponte (outra ponte, ele acaba de voltar de uma!), desta vez não sobre um rio mas sobre o mar, ligando o Rio a Niterói, o desenho meio cinza sobre o fundo azul das águas.

Ele então se volta para os livros sobre a mesa, uma pequena pilha. Vai vendo as capas, folheando um e outro, até chegar num volume de capa dura, cor de vinho, com o título em letras douradas: *O vermelho e o negro*.

O leitor nunca leu Stendhal mas fica curioso e abre o livro a esmo, numa página qualquer. E lê um parágrafo:

> Fora disso, Julien não sabia nada. Dessa forma, embora passando a vida com a Sra. de Rênal, um silêncio singular se estabelecia entre ambos quando se achavam a sós. No salão, fosse qual fosse a humildade da sua atitude, ela via nos olhos dele um ar de superioridade intelectual perante todos os que lhe frequentavam a casa. Encontrando-se por um instante sozinha com ele, via-o visivelmente embaraçado. Ela se inquietava com isso, porque o seu instinto de mulher a fazia compreender que esse embaraço não implicava a menor ternura.

O leitor volta ao início, lê tudo que antecede o começo da história – uma breve nota biográfica do autor, a ficha técnica, o título original –, vê as ilustrações nas folhas de guarda, os títulos dos capítulos no sumário. Vê o ano da primeira edição: 1830. O leitor está em 1981. Ele mentalmente faz as contas e diz a si mesmo: um século e meio mais um dia. Não, não é um dia mas ele gostou da frase, fazer o quê?

O leitor tem pretensões de ser um escritor e faz alguns anos mantém a prática de anotar coisas em pequenos cadernos. Ele anota a frase: um século e meio mais um dia.

Dali a pouco o leitor vai começar a leitura do romance de Stendhal, vai embrenhar pela vida de Julien Sorel, com tamanha intensidade que não conseguirá interromper a leitura e acabará perdendo a primeira aula da noite.

Vez ou outra vai tirar os olhos do livro e ver lá fora, pela varanda, o morro, os trilhos – o barulho do trem pontua sua leitura e não o incomoda, antes lhe traz uma sensação de paz, como se a regularidade com que passa lá embaixo lhe desse um pouco de segurança diante do novo mundo que tem se apresentado a ele todos os dias –, vai ver novamente a ponte ao fundo, e entre tudo isso virão cenas da sua infância, da adolescência pelas ruas de terra do seu bairro, da mãe lavando roupa no tanque enquanto conversa com ele.

Entre o presente e o passado reais, o leitor insere agora, mergulhado no livro, um passado remoto, que não é o seu mas parece lhe pertencer um pouco mais a cada página. Se adiantássemos um pouco a cena, poderíamos vê-lo ao crepúsculo, lendo e vez ou outra tomando notas na caderneta. Pensando bem, é melhor deixá-lo aí, sozinho na varanda da biblioteca, a sós com seus fantasmas – os de antes e os que ainda estão por vir.

•

Em *Para uma teoria da interpretação*, Roberto Corrêa escreve:

> A interpretação – força, produção e jogo, excessivos e econômicos – não se encaminha nem para o descritivismo 'neutro', nem para a paráfrase lamuriosa. Não visa tampouco a se debruçar sobre um texto com vista à notícia, à informação, à venda. Não se quer como divulgador rancoroso ou paternal. Não é, pois, nem similar ao que de mais habitual se faz na Universidade, nem ao que de mais habitual se faz na imprensa. O que pretende, como uma de suas

perversões, é entrar no jogo da escritura, quebrando a passividade de uma leitura que tenda a seguir, sem brincar e sem considerar a ação escritural, um fio unitário de estória cujo desenlace se quer conhecer. A interpretação quer escrever sempre, diferente cada vez que tocar um texto. Como quem toca rasga. (p. 20)

Texto erótico: o que se recompõe a cada rasgo, o que na verdade *vive* do toque do outro, e que toca o outro. Leitura erótica: a que se revitaliza cada vez que é tocada, a que toca e rasga o texto, a que lhe dá vida.

•

Em *Sobre livros e leituras*, há uma frase de Schopenhauer que diz o seguinte: "Seria bom comprar livros se pudéssemos comprar também o tempo para lê-los." (p. 41)

Não ter tempo para ler sequer os livros que temos em casa ou ao nosso alcance numa biblioteca próxima é um dos motivos pelos quais é sempre bom se aprimorar na arte de não ler. E tanto para esta quanto para as outras duas — a de ler e reler — é importante estabelecer critérios (mínimos, claro, não dá para ir muito longe com isso) para a escolha do que ler.

Obviamente não me atrevo a apresentar aqui nenhum manual para seleção de livros ou algo do tipo. Mas posso ao menos dizer o que, como leitor, não gosto de ler e que você aí, por suposto, já deve saber o que seja. Mesmo correndo o risco de ser repetitivo, penso numas poucas linhas para definir um texto ruim.

Texto ruim: que despreza a inteligência e a imaginação do leitor. Que vai além da sugestão do jogo proposto e se mete a fazer, por ele e por você, as jogadas. Texto presunçoso, que se propõe a explicar tudo. Texto presunçoso e falso, que se propõe a explicar tudo como se estivesse ajudando você (a ajudar a si mesmo) e não simplesmente impondo sua (dele) própria verdade. Texto tagarela. Texto que não quer seduzir nem ser seduzido, que não quer cativar mas capturar.

E mais não digo, a não ser que não o leio.

•

No ensaio "A escrita de si", incluído em *O que é um autor?*, Foucault retoma os *hypomnemata*. Tecnicamente, *hypomnemata* podiam ser livros de contabilidade, registros notariais, agenda pessoal, utilizados pelos antigos. Mas serviam também, entre os mais cultos, como livros de vida, guias de conduta. Quando, por exemplo, Fundano pede a Plutarco conselhos para aplacar suas aflições, este lhe manda os *hypomnemata* que havia escrito sobre a tranquilidade da alma, observa Foucault.

Eram cadernos nos quais os filósofos anotavam suas leituras. Junto a considerações esparsas, envolvendo os mais variados temas e depoimentos pessoais sobre fatos presenciados durante o dia ou ouvidos de alguém, eram registrados também fragmentos de obras, citações. Os *hypomnemata* funcionavam como uma espécie de cadernos de leitura, trazidos sempre à mão.

Não se tratava de simples auxiliares da memória mas de um exercício, um ensaio cotidiano visando ao autoconhecimento pela observação e reflexão colocadas no papel, não como um tratado mas como recortes: o exercício regular de uma escrita fragmentada.

Sua importância para a plena formação do caráter era tal que Sêneca recomendava aos discípulos que não vissem essas anotações como meras recordações arranjadas em arquivo mas como escritos marcados profundamente na alma.

Por mais que sejam uma escrita da intimidade, os *hypomnemata* não devem, como alerta Foucault, ser confundidos com um tipo de escrita praticado pela literatura cristã posterior, os relatos de experiências espirituais, como tentações, lutas, fracassos e vitórias, nem com um diário íntimo:

> O movimento que visam efetuar é inverso desse: trata-se não de perseguir o indizível, não de revelar o que está oculto, mas, pelo contrário, de captar o já dito: reunir aquilo que se pôde ouvir ou ler, e isto com uma finalidade que não é nada menos que a constituição de si. (p. 137)

Semelhante ao que dizia Sêneca a Lucílio, na carta 84, tais cadernos de notas funcionavam como um entrelaçamento de leitura e escrita. O homem culto deveria saber ler não só o texto escrito como também os fatos, imagens do cotidiano, buscando interpretá-los com sabedoria e, num segundo momento, partindo para o exercício da escrita dessa leitura.

Os *hypomnemata* formavam o passado do leitor. Era a eles que o filósofo recorria quando estava diante de uma situação nova ou da necessidade de discorrer sobre um tema. Na prática diária dos cadernos, o homem construía a história de suas leituras, elaborava uma história pessoal a partir das histórias de outros, escrevia aos poucos sua memória.

Escrever essas anotações implicava uma abertura para a intertextualidade: escrever e ler era sempre transitar pelo espaço do outro, não para repeti-lo, fugindo da reflexão, mas para lidar melhor com a diferença. É o que diz Sêneca a seu discípulo:

> Entre muitos textos que acabo de ler, é sobre um deles que recai a minha escolha. Eis a minha safra de hoje; foi em Epicuro que a encontrei, pois também gosto de passar ao campo de outrem. Como trânsfuga? Não senhor, como explorador.[6]

---

[6] Apud FOUCAULT. Op. cit., p. 142.

E arremata:

Não consintamos que nada do que penetra em nossa mente permaneça intacto; assim, talvez jamais venha a ser assimilado. Devemos digerir a matéria, pois de outro modo passará à nossa memória, mas não à nossa inteligência. Devemos aderir de coração a esses pensamentos alheios e saber fazê-los nossos, a fim de unificar cem elementos diversos — como a adição faz de números isolados um número único, total que compreende somas menores e desiguais entre si.[7]

Para Sêneca, comenta Foucault, a função da escrita é reunir as leituras e transformá-las num *corpo*. E adverte que este corpo não deve ser entendido como um corpo de doutrina mas como o próprio corpo de quem escreve, daquele que soube ler e montar o que leu. A escrita transforma a leitura *em forças e em sangue*.[8]

Escrever seria apossar-se não de uma verdade prévia e universal, mas de uma verdade particular, pessoal, construída no exercício cotidiano da leitura. E fazer dessa verdade algo marcado na própria alma e vivido como se fosse o corpo de quem escreve. Trata-se, como observa Foucault, de um "jogo das leituras escolhidas e da escrita assimiladora". (p. 144)

Os *hypomnemata* se revelam, assim, como uma fonte para se pensar as relações entre escrita e leitura a partir de temas como fragmentação do discurso, memória, intertextualidade, originalidade.

---

[7] Ibidem, p. 143.
[8] FOUCAULT. Op. cit., p. 142. Diz Foucault, comentando a carta de Sêneca: "O papel da escrita é constituir, com tudo o que a leitura constituiu, um 'corpo' (*quicquid lectione collectum est, stilus redigat in corpus*) (...) a escrita transforma a coisa vista ou ouvida 'em forças e em sangue' (*in viris, in sanguinem*). Ela transforma-se, no próprio escritor, num princípio de ação racional."

O que mais me chamou a atenção nesses antigos cadernos foi sua aparente fragilidade, essa escrita aparentemente desleixada – anotações, fragmentos, citações esparsas –, sob a qual se entrevê a formação meticulosa e sem pressa, a formação paciente e firme de um corpo. A escrita construída à sombra, o corpo surgindo aos poucos, movimentando sangue e forças.

•

Quase trinta anos depois da cena na varanda da biblioteca da Universidade – onde agora dá aulas de literatura –, o leitor está em casa, arrumando alguns livros na estante. A cidade é outra, Teresópolis, novamente entre montanhas mas não as do Rio, outras mais altas e frias, muitas vezes envolvidas pela neblina.

(Quando se viu no meio dessa neblina pela primeira vez, ele se lembrou de sua prova de aula para admissão como professor na Universidade, da sua aula sobre *Grande sertão: veredas*, centrada na frase de Riobaldo: Diadorim é minha neblina).

O leitor não mexe naquela parte da estante faz um bom tempo. Seus interesses de leitura têm sido outros e foi talvez o acaso que o levou a esbarrar com o romance lido há tantos anos. A edição não é a mesma, a que tem agora diante de si é uma outra, mais barata, em brochura, comprada num sebo durante as frequentes andanças pelo centro do Rio nos seus distantes dezoito anos.

Ele se lembra bem de quando comprou aquele exemplar num sebo de uma ruazinha perto do Real Gabinete Português de Leitura, que o leitor gostava de frequentar naqueles tempos. Ainda está em bom estado e foi encapado com plástico transparente (meu Deus, houve uma época em que eu encapava meus livros!, ele diz a si mesmo, sem conter a nostalgia de quando acreditava em certas coisas).

Ainda há muito livro para arrumar, a estante está uma bagunça, mas o leitor sai da sala com o exemplar nas mãos e vai até a varanda – novamente uma varanda, ele não pensa mas pensamos por ele. Na tarde silenciosa, vemos agora o leitor se deitar na rede, descalço, folhear a esmo o livro e parar na última página.

Seus olhos brilham de um modo diferente quando o leitor reconhece a caligrafia, a sua caligrafia, a letra pequena desenhada com cuidado, meio arredondada demais, é a sua letra escrita a lápis que ele reconhece de imediato na última página.

E as letras o devolvem a um outro cenário: um banco na Praça da República, em frente à Central do Brasil. O leitor, entre árvores centenárias, termina a leitura do livro que ele não pode concluir na biblioteca da Universidade porque era um exemplar com empréstimo vedado – por isso no dia seguinte ele correra ao centro da cidade em busca de um novo exemplar, não poderia passar mais um dia sem saber como continuava e como terminava o romance, *O vermelho e o negro*, sem saber qual seria afinal o destino de Julien.

O leitor se lembra de quando terminou o romance e continuou sentado naquele banco, olhando lá fora, no alto, o relógio da Central lhe dizendo que era hora de ir para a Universidade. Ele não iria. Nem naquele dia nem nos outros. Algo se rompera dentro dele, algo que resultaria no abandono do curso e na opção por outro.

Deitado na rede da varanda da sua casa, um leitor relembra o outro. O primeiro escrevendo com cuidado, devagar, as palavras que o mais velho relê agora:

Terminada a leitura, concluo duas coisas com relação a mim mesmo. A primeira é que sinto uma vontade incontrolável de não fazer mais nada na vida, não trabalhar, viver de brisa e só me dedicar à literatura, à minha literatura, só escrever. Outra é exatamente o contrário: não escrever mais nada, nenhuma linha, nada, já que sei que jamais conseguirei provocar em nenhum leitor, sobretudo um que eu não conheça e que viva 150 anos depois de mim, metade da impressão que este livro me causou.

O leitor fecha o livro, depois os olhos. No embalo da rede, na tarde calma, decide que não vai continuar arrumação nenhuma. Não, hoje não, já é o bastante.

•

O leitor dorme e tem um sonho. Ou pelo menos pensa que tem, sem muita certeza. Há uma sala de espelhos e ali estão, um de frente para o outro, o leitor e o escritor.

No sonho eles se olham, se contemplam. Um se lembra, em negativo, do modo como o outro se levanta da cama de manhã, de como ajeita os cabelos ao sair de casa, da forma como gosta de guardar os óculos na mesa de cabeceira, antes de dormir.

O outro se lembra, também em negativo, do futebol de rua na infância, das cartas para os amigos na Universidade – eles ali do lado, os amigos, as cartas funcionando como exercício de leitura, escrita e amizade –, das longas caminhadas por Vila Isabel, altas horas da noite.

Eles se lembram de detalhes um do outro, o leitor e o escritor: não se deixar enganar por nome de autor, ler por prazer, nunca deixar de lado a paixão pelo artifício, pela ficção – a verdade fingida que forma cada um deles, o contorno visível de cada um.

Em silêncio, no mais absoluto silêncio, as palavras todas esperando lá fora, ou nas arquibancadas que de uma para outra surgem no sonho, repletas de palavras, o leitor e o escritor estendem um para o outro a mão direita, num gesto que antecede, solene, o embate.

•

Recorte de diálogo entre Alice e a Rainha Branca, em *Através do espelho e o que Alice encontrou lá*, de Lewis Carroll:

– Não posso acreditar *nisso!* – disse Alice.
– Não pode? – disse a Rainha com tom de voz penalizado. – Tente outra vez: respire profundamente e feche os olhos.
Alice riu. – Não adianta fazer isso – disse ela –, ninguém pode acreditar em coisas impossíveis.
– Eu diria que você nunca praticou bastante – disse a Rainha.
– Quando eu tinha a sua idade praticava sempre meia hora por dia. Às vezes me acontecia acreditar em seis coisas impossíveis antes do café da manhã.

PARTE 2

ÁLBUM DE RETRATOS

(O LEITOR EM BRANCO & PRETO)

SUMÁRIO

1.

o leitor amoroso	| *Felicidade clandestina* (CLARICE LISPECTOR)	73
o leitor e o prazer	| *Os crimes da rua Morgue* (EDGAR ALLAN POE)	77
o leitor e o tempo	| *Continuidade dos parques* (JULIO CORTÁZAR)	80
o leitor estrangeiro	| *O homem da multidão* (EDGAR ALLAN POE)	83
o leitor e a espera	| *Felicidade clandestina* (CLARICE LISPECTOR)	89

2.

o leitor e o tempo	| *Pierre Menard, autor do Quixote* (JORGE LUIS BORGES)	91
o leitor e o enigma	| *Os crimes da rua Morgue* (EDGAR ALLAN POE)	96
o leitor amoroso	| *Aqueles cães malditos de Arquelau* (ISAÍAS PESSOTTI)	100
o leitor e a cidade	| *A arte de andar nas ruas do Rio de Janeiro* (RUBEM FONSECA)	105
o leitor e a cidade	| *Cidade de vidro* (PAUL AUSTER)	107

3.

o leitor amoroso	| *Uns braços* (MACHADO DE ASSIS)	112
o leitor e o enigma	| *O quieto animal da esquina* (JOÃO GILBERTO NOLL)	118
o leitor e o signo	| *A arte de andar nas ruas do Rio de Janeiro* (RUBEM FONSECA)	122
o leitor e o sonho	| *Pierre Menard, autor do Quixote* (JORGE LUIS BORGES)	127

o leitor estrangeiro	|	*O quieto animal da esquina* (João Gilberto Noll)............130

4.

o leitor e o enigma	|	*O homem da multidão* (Edgar Allan Poe)............134
o leitor e a memória	|	*Farenheit 451* (Ray Bradbury)............137
o leitor vidente	|	*Famigerado* (Guimarães Rosa)............139
o leitor estrangeiro	|	*A arte de andar nas ruas do Rio de Janeiro* (Rubem Fonseca)............144
o leitor e o sonho	|	*As cidades invisíveis* (Italo Calvino)............147

5.

o leitor vidente	|	*A cartomante* (Machado de Assis)............151
o leitor e a memória	|	*Funes, o memorioso* (Jorge Luis Borges)............155
o leitor e a morte	|	*A cartomante* (Machado de Assis)............157
o leitor e o sonho	|	*Cidade de vidro* (Paul Auster)............163
(o leitor e o nome)		171

6.

o leitor e a morte	|	*Histórias de cronópios e de famas* (Júlio Cortázar)... 182
o leitor e a morte	|	*A colcha de retalhos* (Monteiro Lobato)............184
o leitor vidente	|	*As cidades invisíveis* (Italo Calvino)............187
(o leitor e o nome)		190
(o leitor e o nome)		196

I

O leitor amoroso

Eram duas meninas, em Recife. Uma era magra, alta, cabelos lisos, bonita. A outra, gorda, sardenta, cabelos crespos, meio arruivados, seios enormes. A primeira adorava ler, costumava andar pulando pelas ruas da cidade, não tinha dinheiro para comprar livros. A segunda chupava balas com barulho e possuía um tesouro de fazer inveja a toda criança devoradora de histórias: um pai dono de livraria.

O leitor de Clarice Lispector já terá percebido que se trata do conto "Felicidade clandestina". O pequeno esboço da situação inicial da narrativa pode sugerir uma história beirando um conhecido maniqueísmo ideológico que apresenta a mocinha bonita associada ao gosto pela leitura, enquanto a gorda prefere suas balas a qualquer livro, mesmo que seja este uma reunião de histórias encantadas.

O melhor do conto, no entanto, não está aí. O que seduz na história de Clarice é algo que desliza por entre essa oposição tão simplista e vai criando um outro jogo, mais sutil: o erótico. Erotismo clandestino por natureza, porque se instala não entre corpos de homens, mulheres, mas entre peles especiais: a de uma menina leitora e certo livro desejado.

No início, vemos a menina esguia passar por cima das humilhações que a outra lhe impõe, consciente de que só através do sacrifício pode ter, emprestados, os livros que a filha do livreiro não lê mas guarda em casa como instrumentos de poder. Entre as duas, o pacto é claro: eu lhe ofereço seu objeto de desejo, e em troca você deixa que eu realize o meu prazer.

E se o objeto de desejo da menina são os livros, o prazer da outra é o exercício da crueldade. Um dia, ela dá início ao meticuloso processo de tortura. Meio casualmente, como se aquilo não significasse tanto para ela e para a outra — para a manutenção do pacto —, comenta que possuía *Reinações de Narizinho*, de Monteiro Lobato: "Era um livro grosso, meu Deus, era um livro para se ficar vivendo com ele, comendo-o, dormindo-o." (p. 8)

No dia seguinte ela teria o livro em suas mãos, pensou, numa súbita alegria, bastava ir à casa da outra, pegar emprestado, como combinaram, e ler. Pois no dia seguinte, o coração ainda em festa, lá estava a menina, o cabelo solto, imperdoavelmente bonitinha.

O plano secreto da outra, no entanto, mal começara, e certamente não seria ainda daquela vez que o livro seria vivido, comido, dormido por aquela que o desejava. Disse-lhe, à entrada da casa, que o livro estava emprestado, voltasse amanhã.

Todos os dias, por um tempo indeterminado, a menina bonita cumpria seu doloroso ritual: bater à porta, ouvir um ainda não, amanhã talvez. A dor passava a fazer parte da conquista, o livro com certeza a aguardava, a ela que o queria tanto que suportava o sofrimento de sentir as olheiras se cavando devagar, diariamente.

Como num rito de passagem, a menina aos poucos amadurece: a dor e o desejo tecendo a rede onde o erótico se deita. O erótico: texto.

Em *O prazer do texto*, Roland Barthes afirma:

> O lugar mais erótico de um corpo não é lá onde o vestuário se entreabre? Na perversão (que é o regime do prazer textual) não há "zonas erógenas" (expressão aliás bastante importuna); é a inter-

mitência, como o disse bem a psicanálise, que é erótica: a da pele que cintila entre duas peças (as calças e a malha), entre duas bordas (a camisa entreaberta, a luva e manga); é essa cintilação mesma que seduz, ou ainda: a encenação de um aparecimento-desaparecimento. (p. 16)

O livro se torna, para a menina, essa cintilação sedutora, não mais ingênua. É estar ali e não estar, tão perto e tão longe, como um vestuário entreaberto, que alimenta ainda mais a sedução exercida pelo livro. O livro, seu querido, não é para a menina apenas objeto mas pele cintilante, corpo, um corpo de homem cujo calor ela apenas adivinha. Tê-lo ao seu lado: acontecerá um dia? Ela parece saber que sim e fingir que não, encenando o jogo aparecimento-desaparecimento de todo dia, ganhando malícia.

Numa das visitas, a brincadeira toma outro rumo. Enquanto a menina ouve, silenciosa, mais uma recusa, a mãe da outra aparece. Após um diálogo constrangedor, de frases entrecortadas, a mãe descobre enfim o motivo daqueles encontros regulares à porta de sua casa: "Ela nos espiava em silêncio: a potência de perversidade de sua filha desconhecida e a menina loura em pé à porta, exausta, ao vento das ruas de Recife."

Então decide: "E para mim: 'E você pode ficar com o livro por quanto tempo quiser'. Entendem? Valia mais do que me dar o livro: 'pelo tempo que eu quisesse' é tudo o que uma pessoa, grande ou pequena, pode ter a ousadia de querer." (p. 10)

Pelo tempo que quisesse é a promessa tão esperada de um amor, quem sabe, infinito. E também, talvez melhor, é a promessa de um amor sem posse: ela não é a *dona* do livro. Não ser dona lhe tira o peso de possuir, deixa-a mais leve para viver, para experimentar seu prazer. Por outro lado, como só vai devolver o livro quando quiser, pode *fazer de conta* que é dona dele. Ela se encontra, assim, na situação ideal: sem pressa e sem posse, podendo brincar de amor eterno e livre.

Agora a leitora tem – desse jeito diferente, só dela – seu texto desejado. Passada a tempestade, leitora e livro se encontram na conquistada metamorfose: "Não era mais uma menina com um livro: era uma mulher com o seu amante." (p. 10)

O final da história nos mostra uma leitora amorosa vivendo a clandestina delícia do encontro. Como se fosse mágica, a menina se transforma em personagem do seu próprio conto de fadas, escrito na espera de cada dia, e balança agora com seu rei, atravessada de orgulho e pudor, como uma rainha delicada.

O leitor e o prazer

Em "Os crimes da rua Morgue", Edgar Allan Poe esboça o que seria mais tarde um dos arquétipos da narrativa policial: a disputa — às vezes velada, abafada pelas conveniências, às vezes um pouco mais ríspida — entre o detetive profissional, delegado de polícia, e o detetive amador. Disputa que termina sempre com a vitória do segundo, ainda que o primeiro acabe levando as glórias, perante a sociedade e a imprensa, de ter solucionado o caso.

O narrador do conto nos apresenta o delegado Vidocq como um leitor apenas esforçado. Com os dados de que dispõe, Vidocq monta atentamente sua leitura, buscando não deixar de lado nenhum detalhe. Se, no entanto, sobra-lhe esforço e precisão na leitura dos casos, falta-lhe exatamente o que há em Dupin: sagacidade. Dupin falando sobre Vidocq:

> A polícia de Paris, tão enaltecida pela **sagacidade**, é apenas astuta e nada mais. (...) Os resultados a que chega são surpreendentes, em geral, mas, na maior parte, são devidos à simples diligência e atividade. Quando estas qualidades são inúteis, seus planos falham. Vidocq, por exemplo, era bem perspicaz e perseverante. Mas, sem inteligência educada, equivocava-se continuamente, pela própria intensidade de suas investigações. (p. 96)

O que se estabelece então é um desafio entre dois tipos de leitor. O primeiro, exemplificado pela figura de Vidocq, imagem perfeita do *detetive profissional,* é caracterizado pela competência na decifração de signos segundo certos modelos preestabelecidos. É um leitor eficiente, mas limitado pela rigidez de seus métodos de interpretação. O segundo, o próprio Dupin, *detetive amador,* se mostra um leitor mais habilidoso, que sabe ler cada texto como um texto diferente dos anteriores — cada caso policial exigindo uma abordagem específica, uma nova estratégia de leitura.[9]

Dupin, como mais tarde Sherlock, Poirot e outros, vê a investigação de casos policiais como uma espécie de divertimento — "uma investigação nos servirá de entretenimento", diz ele ao narrador, quando decide investigar os crimes da rua Morgue —, como um exercício, um jogo. Dupin é um amante do jogo, um *expert* na combinação de signos. É um leitor que lê por prazer.

Vidocq, como os demais investigadores de polícia da narrativa policial, pelo menos em seus primórdios, é um profissional, um homem que lê por ofício, que todos os dias é impelido a desmontar enigmas mesmo que não queira. O descompromisso faz de Dupin um investigador mais sutil, um leitor mais sutil. O fato de não ser obrigado a apresentar resultados dá a Dupin a liberdade que falta a Vidocq, e é essa liberdade que leva Dupin aos resultados pretendidos pelo outro.

A narrativa policial sempre foi tida como leitura de entretenimento. Um bom conto e um bom romance policial parecem pedir um leitor descompromissado, cujo interesse resida apenas numa espécie de brincadeira sugerida pelo texto, sem maiores pretensões de outra natureza, um leitor que por algum tempo esqueça o funcionamento estafante e monótono do cotidiano e se entregue com prazer às aventuras de um Auguste Dupin. Nesse sentido, o leitor de algum modo se identifica com Dupin. Ambos leem sem a obrigação de ler, leem porque querem satisfazer um desejo, e não por terem que cumprir uma tarefa.

---

[9] Na conferência "Exatidão", de *Seis propostas para o próximo milênio*, Calvino afirma: "outro escritor em cuja mente coabitavam o demônio da exatidão e o da sensibilidade, Roland Barthes, indagaria sobre a possibilidade de concebermos uma ciência do único e do irrepetível (*La chambre claire*): 'Porquoi n'y aurait-il pas, en quelque sorte, une science nouvelle par objet? Une Mathesis singularis (et non plus *universalis*)?'" [Por que não haveria, de certa forma, uma ciência nova para cada objeto? Uma *Mathesis singularis* (e não mais *universalis*)?]. (São Paulo: Companhia das Letras, 1991, p. 79.)

Thomas Narcejac, em *Une machine à lire: le roman policier,* define a narrativa policial como uma máquina de ler, no sentido de que o autor deve trabalhar seu texto buscando criar uma espécie de armadilha, uma máquina que enrede o leitor do começo ao fim, que não deixe o leitor se afastar da trama nem por um segundo. É como se o leitor continuasse a ler não apenas porque estivesse se entretendo com a história, no sentido mais banal de entretenimento, mas também porque não conseguisse parar de ler, enfeitiçado pela máquina-texto que tem diante dos olhos. É como se o prazer fugaz, desinteressado, fosse agora substituído por algo mais intenso: a paixão.

Com Dupin acontece o mesmo. Dupin – e depois, entre outros, Sherlock Holmes – *vive* desse prazer. Ler pistas, montar leituras que se cruzam com outras leituras, eis o que o define. Ele não apenas sente prazer em ler como também não pode viver sem ler. Dupin é um leitor apaixonado, ainda que o termo possa soar estranho quando se fala de um personagem de Poe.

O leitor e o tempo

No conto de Júlio Cortázar, "Continuidade dos parques", um homem é obrigado a interromper a leitura de um romance para resolver negócios urgentes. Viaja. Na volta, já em casa, retoma o livro.

Resolvidos os problemas, podemos vê-lo agora na tarde calma, sozinho no aconchego do escritório, tudo em volta sendo puro silêncio. Os janelões deixam ver, lá fora, o parque de carvalhos, e o homem pode enfim recomeçar a ler a história que interrompera a contragosto:

> Recostado em sua poltrona favorita, de costas para a porta que o teria incomodado como uma irritante possibilidade de intromissões, deixou que sua mão esquerda acariciasse, de quando em quando, o veludo verde e se pôs a ler os últimos capítulos. (p. 11)

Os últimos capítulos do romance narram o encontro de dois amantes numa cabana na floresta. Desta vez os dois não estão ali para mais um encontro amoroso, paixão secreta, mas para uma tarefa inadiável e perigosa: uma terceira pessoa precisa ser eliminada.

Acertam os detalhes finais e a mulher sai, tensa, receosa, e logo depois é a vez de o amante sair, punhal colado ao corpo, desviando-se de galhos pela mata, até chegar ao seu destino: uma casa de fazenda. Os cachorros não latiram, o capataz não estava e ele chegou até diante da casa:

> Subiu os três degraus do pórtico e entrou. Pelo sangue galopando em seus ouvidos chegavam-lhe as palavras da mulher: primeiro uma sala azul, depois uma varanda, uma escadaria atapetada. No alto, duas portas. Ninguém no primeiro quarto, ninguém no se-

gundo. A porta do salão, e então o punhal na mão, a luz dos janelões, o alto respaldo de uma poltrona de veludo verde, a cabeça do homem na poltrona lendo um romance. (pp. 12-13)

O conto começa com essa imagem: um homem sentado, lendo um romance numa poltrona de veludo verde, na tranquilidade do seu escritório. Na imagem final do conto – ou *cena* final, dada a expressividade cinematográfica do texto –, temos o mesmo personagem, no mesmo cenário. Mas agora mostrado de outro ponto de vista.

Agora o vemos por trás, como se num movimento de câmera nos fosse permitido dar uma volta e ver o mesmo homem, sentado na mesma poltrona de veludo verde, lendo o mesmo romance, mas então visto sob outro ângulo, como se nosso olhar tivesse executado um movimento circular, o mesmo que a narrativa de Cortázar realiza.

Uma imagem vista de outro ângulo é outra imagem. O movimento circular efetuado pela narrativa não é o desenho de uma circunferência perfeita, como pode parecer, a imagem do início se repetindo no final da história. Mais do que isso, sugere uma espiral, as pontas do círculo não se encontrando mas se superpondo uma à outra, iniciando então um novo círculo. A primeira e a segunda imagens do homem lendo um romance são semelhantes, mas não idênticas. Entre uma e outra algo se passou. É justamente a passagem de tempo que impede que sejam idênticas. Uma acontece *depois* da outra, em *continuidade* à outra.

Assim, o homem da primeira imagem não pode ser o mesmo de quando o conto acaba. Entre o momento em que aparece pela primeira vez e aquele em que é mostrado novamente alguma coisa aconteceu. E essa coisa é justamente a leitura.

O homem da segunda imagem já não pode mais ver os carvalhos do parque ou acariciar o veludo verde de sua poltrona da mesma maneira que o homem da primeira imagem porque, ainda que fisicamente sejam a mesma pessoa, o segundo é algumas horas mais velho do que o primeiro, e nessas horas viveu uma experiência a mais: a leitura dos últimos capítulos de um romance. Como na figura da espiral, este segundo homem parece permanecer o mesmo após um giro, após algumas voltas do relógio, mas o que continua o mesmo é apenas o cenário. E agora temos mais alguém na sala, com o punhal em riste. O novo elemento em cena — o amante, personagem do romance que o homem está lendo — não surgiu por acaso: ele é fruto da leitura.

Se o leitor não tivesse lido os últimos capítulos do romance não haveria agora, na sala, o amante com o punhal, e o leitor seria, aí sim, o mesmo de antes, na paz e na segurança de seu escritório, quando ainda estava sozinho. Foi a experiência da leitura que fez mudar a cena.

Não vivenciamos impunemente a passagem do tempo, diria Borges. O conto de Cortázar, por sua vez, parece dizer que não se lê um romance sem correr riscos. Não há inocência nas narrativas, sobretudo naquelas que modulam o tempo nas armadilhas: cantam como sereias. E da mesma forma que o homem do conto se transforma no decorrer do tempo e da leitura do romance, também eu me transformo entre a primeira e a última linhas do conto de Cortázar. Também eu, leitor, ao acompanhar a aventura desse homem lendo um romance no escritório de uma fazenda, sentado numa poltrona de veludo verde, de frente para um parque de carvalhos, também eu, que leio "Continuidade dos parques" longe de fazendas, poltronas e carvalhos, empreendo a viagem pela espiral do tempo e da leitura, da qual retorno mais velho alguns minutos e um conto. Não impunemente.

O leitor estrangeiro

Em 1857 Baudelaire publica o segundo volume de suas traduções dos contos de Edgar Allan Poe, intituladas *Nouvelles histoires extraordinaires*. É através da tradução de Baudelaire que o público europeu tem contato com "O homem da multidão", conto incluído nesta segunda coletânea e mais tarde comentado detidamente por Walter Benjamin no seu *Charles Baudelaire: um lírico no auge do capitalismo*.

A história de "O homem da multidão" é contada em primeira pessoa por um homem sentado num café de uma das principais ruas de Londres, na primeira metade do século XIX. Esteve doente, mas agora se encontra num daqueles "estados de espírito de aguçadíssima apetência, quando se abre o véu que encobre a visão mental." (p. 11)

Depois de passar horas percorrendo os anúncios dos jornais, ou observando as pessoas no salão, volta seu olhar curioso para a rua, já escurecendo, os lampiões acesos. É um observador atento, que procura não perder nenhum detalhe das roupas, gestos ou expressões faciais das pessoas que se cruzam formando "o mar tumultuoso de cabeças humanas", como ele diz, um leitor fascinado pelo que lê: as luzes, o comércio, gente de todas as classes e estilos. Seu olhar abarca tudo, *cataloga* tudo, como num meticuloso inventário.

Ocupado na leitura da cidade que desfila diante de seus olhos, sentado ainda à mesa do café, percebe o rosto de um velho. Na expressão desse rosto ele vislumbra "imagens de imensa capacidade mental, cautela, indigência, avareza, frieza, maldade, sede sanguinária, triunfo, alegria, terror excessivo, intenso — supremo desespero". (p. 31)

Aquilo o fascina de tal modo que ele se levanta e começa a seguir o desconhecido. O velho, de baixa estatura, muito magro e aparentemente bastante frágil, caminha sem destino, olhando para os lados, um andar rápido, ansioso, mas de quem se sente à vontade no meio das pessoas, no meio do burburinho que de uma hora para outra aumenta assustadoramente devido à forte mudança de tempo, todos se acotovelando em meio a um festival de guarda-chuvas. O narrador, agora longe da segurança de sua mesa no café, dos jornais e do charuto ao alcance da mão, continua, mesmo sob a chuva, seguindo o velho misterioso.

Não é fácil porque o velho parece incansável. Pega uma rua menos movimentada, chega a uma praça cheia de gente, passa a andar em círculos, entra por outra rua deserta e aí apressa ainda mais o passo, até chegar a um bazar. Entra e sai das lojas sem comprar nada, volta novamente à primeira rua, que, a essa hora, está vazia. Pega atalhos, becos, até parar na porta de um teatro, onde se mistura à multidão que sai.

Caminha na direção do subúrbio, cruza com marginais, entra num templo, retorna à primeira rua quando já é de manhã. Sempre, em todo esse trajeto estabanado, seguido pelo olhar cada vez mais carregado de curiosidade do narrador do conto. Durante todo o dia continuam os dois a caminhar pelas ruas, o velho à frente, o outro homem atrás, como se desvendar aquele mistério, como se conseguir ler por inteiro o rosto do velho fosse a única coisa que de fato valesse a pena.

Chega um momento, porém, em que ele, exausto, desiste. Já estão caminhando há dois dias e continua sem saber do velho mais do que já sabia quando o viu da mesa do café. Opta, então, por uma atitude radical: "como se aproximassem as sombras da segunda noite, fui ficando mortalmente cansado e, parando bem em frente ao andarilho, o encarei resolutamente." (p. 49)

Sua coragem, porém, de nada lhe serviu: "Ele não reparou em mim, e retomou sua caminhada solene, enquanto eu, deixando de segui-lo, fiquei absorto em contemplação."

E o homem conclui, finalmente:

> Este velho, eu disse afinal, é o modelo e o gênio do crime profundo. Ele se nega a ficar sozinho. Ele é o homem da multidão. Vai ser inútil segui-lo; pois não vou aprender mais nada, nem com ele, nem com seus atos. (pp. 49-50)

No início do conto, o narrador se refere a certo livro alemão, sobre o qual se disse certa vez que *es lasst sich nicht lesen*: ele não se deixa ler. E sugere que a história a ser contada servirá como exemplo de um texto semelhante, um texto que não se deixa ler. Ao final, ou pelo menos a partir da segunda metade da narrativa, percebemos que esse texto é justamente o velho que o narrador segue sem cessar, na tentativa inútil de tentar desvendar seu mistério, de lê-lo.[10]

O conto de Poe pode ser definido como uma espécie de disputa em que se batem dois adversários: de um lado o *leitor*, aqui representado pela figura de um homem que se dispôs a contar a história de suas leituras, de outro o *texto* – o próprio velho, enigmático.

Benjamin, em obra citada, define este conto de Poe como a radiografia de uma história policial, observando que, nele, "o invólucro que representa o crime foi suprimido; permanece a simples armadura: o perseguidor, a multidão, um desconhecido que estabelece seu trajeto através de Londres de modo a ficar sempre no seu centro". (p. 45)

O conto de Poe seria, portanto, não uma história policial no sentido clássico, mas uma espécie de encenação em que os elemen-

---

[10] Em *Todas as cidades, a cidade*, Renato Cordeiro Gomes observa que o texto ilegível pode ser a própria cidade de Londres, que funcionaria então como signo da cidade moderna. (Rio de Janeiro: Rocco, 1994, p. 70)

tos do conto policial aparecem como roteiro, estrutura, formando apenas a armação do conto policial tradicional. O próprio narrador se encarrega de reforçar a ideia de que se trata de algo assim, ao mostrar um velho, que não matou ninguém, como o modelo e o gênio do crime profundo. Na verdade, o velho aparece aí não como um verdadeiro criminoso, mas como figuração de outra coisa, esta sim diabólica: o texto.

Para que o jogo se estabeleça, para que exista um enredo nos moldes de um conto policial, o texto-criminoso pede um leitor-detetive. E por mais que, a princípio, tal leitor nada tenha a ver com o famoso detetive (amador, diga-se de passagem) criado por Poe em "Os crimes da rua Morgue", eles de alguma maneira se parecem.

Auguste Dupin não é nada chegado a multidões. Prefere a escuridão à luz do dia, o isolamento ao burburinho das ruas, tanto que dá seus passeios apenas de madrugada, quando as ruas estão vazias. É o oposto, portanto, pelo menos nesse sentido, do narrador de "O homem da multidão", que é tão dependente do movimento urbano quanto o velho que ele segue pelas ruas. O título do conto, aliás, refere-se tanto ao velho quanto ao narrador, sendo ambos homens da multidão, ambos obcecados pelo que lhes oferece a modernidade.

Mas Dupin e este narrador são leitores bem parecidos.

Dupin é uma verdadeira máquina de pensar, máquina de desvendar os crimes que vencem a perspicácia dos cidadãos e da própria polícia de Paris. E desvendar não pela intuição ou pelo mero envolvimento físico com o crime — visitas constantes ao local, entrevistas com testemunhas etc., como no caso do detetive moderno —, mas sim pela análise fria e meticulosa dos dados de que dispõe, e que podem estar tanto no local do crime quanto nas notícias de jornais.

Seu método é científico: observar, deduzir, confirmar. Não é por acaso que Umberto Eco e Thomas Sebeok, entre outros, vão aproximar o método de Dupin e Sherlock Holmes do método de *abdução* preconizado por Peirce, o grande nome da semiótica nos seus primórdios – semiótica que se pretendeu, com Peirce e Saussure, uma *ciência dos signos* – mostrando, mais uma vez, como o personagem de Poe representa bem a atmosfera cientificista reinante já na primeira metade do século XIX.[11]

Dupin é um leitor metódico, no sentido de ter um método de ler. É um leitor, sobretudo, que lê com os olhos da razão.

E o que dizer do narrador de "O homem da multidão"? O homem está sentado junto à ampla janela abaulada de um café londrino, charuto na boca e jornal nas mãos, divertindo-se na leitura dos anúncios tanto quanto na leitura das pessoas que frequentam o café e daquelas que ele pode ver na rua através dos vidros esfumaçados. Está só, tranquilo, saudável. Tal estado de relaxamento deveria levar a uma observação um tanto livre, sem compromissos nem métodos, como ele mesmo afirma: "A princípio minhas observações tomaram um rumo abstrato e generalizante. Olhava os transeuntes em massa, e considerava-os em suas relações coletivas." (p. 13)

Mas estamos diante de um personagem de Poe. Na frase seguinte o narrador se revela: "Logo, no entanto, passei para os detalhes, e examinava com minucioso interesse as inúmeras variedades de figura, vestuário, jeito, andar, rosto e expressões fisionômicas." (p. 13)

O narrador, a partir da observação inicial, estabelece a divisão dos indivíduos por classes sociais: fidalgos, negociantes, advo-

---

[11] Ver, a propósito, *O signo de três*, coletânea de dez ensaios organizada por Umberto Eco e Thomas A. Sebeok. Os ensaios, de autores diversos e com diferentes formas de abordagem, tratam da comparação entre Peirce, Sherlock e Dupin. (São Paulo: Perspectiva, 1991, trad. Silvana Garcia).

gados, comerciantes, agiotas, funcionários públicos de alto e baixo escalão, jogadores, batedores de carteira, além de camelôs judeus, mendigos profissionais, inválidos, prostitutas, bêbados e mais uma infinidade de outros tipos.

Ele *classifica*, como um cientista, a partir da observação de certas características e posterior processo de dedução. Falta-lhe apenas a última etapa do processo: a confirmação, e é talvez o que ele vai buscar no velho. Nada lhe escapa, sobretudo nesse momento, contrário do *ennui* em que se encontrava antes, quando estava doente, momento, agora, de extrema lucidez, "quando se abre o véu que encobre a visão mental". (p. 11)

Trata-se de um homem que consegue "ler, até neste breve intervalo de um olhar, a história de longos anos". (p. 29)

Como Dupin, é um cientista dos signos. Noutras palavras: possui uma particular *ciência da leitura*.

Para um cientista, nada pior do que uma matéria que não se deixa conhecer. Num primeiro momento, o narrador do conto se vê diante do velho como um químico, por exemplo, diante de uma substância desconhecida. As posturas de ambos diante do que veem são de certa forma semelhantes: a curiosidade quase obsessiva, seguida da pretensão de dominar, conhecendo, o desconhecido que se lhes apresenta.

É nessa mesma linha a sensação de Dupin diante dos crimes da rua Morgue. A diferença é que Dupin ganha o jogo no final – a razão domina o instinto –, enquanto o narrador de "O homem da multidão" confessa sua impotência perante o adversário.

Aqui, é como se o narrador, homem instruído, se deparasse de repente, para sua surpresa, com um texto escrito em uma língua exótica para ele, uma língua que desconhecesse. Sente-se diante do texto como um estrangeiro perdido numa esquina qualquer de um país distante. É aquele que não sabe.

Por não saber, fim de jogo: o texto vence o leitor.

O leitor e a espera

Releio "Felicidade clandestina" e me lembro de uma passagem de *Fragmentos de um discurso amoroso*, de Roland Barthes. No livro há um fragmento intitulado "A espera", em que Barthes afirma: "Há uma cenografia da espera: eu a organizo, a manipulo, destaco um pedaço de tempo onde vou representar a perda do objeto amado e provocar todos os efeitos de um pequeno luto. Tudo se passa como numa peça de teatro." (p. 94)

É exatamente o teatro da espera que surge nessa releitura.

Quando a menina, depois de um longo período de sofrida expectativa, fica finalmente a sós com seu livro tão desejado, *As reinações de Narizinho*, não parte de imediato para a devoração, tantas vezes adiada:

> Chegando em casa, não comecei a ler. Fingia que não o tinha, só para depois ter o susto de o ter. Horas depois abri-o, li algumas linhas maravilhosas, fechei-o de novo, fui passear pela casa, adiei ainda mais indo comer pão com manteiga, fingi que não sabia onde guardara o livro, achava-o, abria-o por alguns instantes. Criava as mais falsas dificuldades para aquela coisa clandestina que era a felicidade. (p. 10)

Como se fosse uma mulher à espera de seu amado — ela sabe que ele virá —, a menina vive o prazer de uma dor pequena, uma pontinha de dor. Já não é mais, aliás, uma menina. A encenação da espera denuncia sua passagem para outro universo, onde a menina e seu livro são agora uma mulher e seu amante.

O encontro com o amante é o ato da leitura, que ganha relevos mais sedutores à medida em que é adiado. Adiado estrategicamente. A menina mulher leitora sabe que a espera é uma condição de sua felicidade clandestina. Sabe que a duração dessa espera corresponde à intensidade de seu desejo e por isso cria tantas falsas dificuldades de acesso ao corpo do outro quantas pede sua vontade de tê-lo.

No mesmo fragmento, no livro de Barthes, lê-se: "'Estou apaixonado? – Sim, pois espero.' (...) A identidade fatal do enamorado não é outra senão: *sou aquele que espera.*" (p. 96)

Esperar é a prova de sua paixão pelo livro. Já tinha esperado antes, quando diariamente batia à porta da outra menina na expectativa de levá-lo apertado ao peito pelas ruas da cidade até sua própria casa. Mas trata-se, agora, de outra espera, ainda mais apaixonada.

Agora, além da espera, outra coisa liga a menina a seu livro: ela *encena*. Criar obstáculos falsos, *inventar* situações que a distanciam do livro faz da menina uma ficcionista. Ela é, nesse momento, uma inventadora de histórias, criativa e maliciosa, feito Emília.

Se esperar é a prova do seu amor maravilhado, fingir a espera é a prova de seu amor por um livro de fingimentos e maravilhas. Ela não cria o faz de conta à espera de *qualquer livro*. Seu amado, ela parece dizer, não é um qualquer. Nesse ato tão agudo e frágil – o da brincadeira – a menina desenha um perfil, uma forma, um corpo. Esse corpo, o corpo dele, é um livro com histórias de faz de conta.

Para um amante assim, ela se enfeita com as pequeninas joias da ficção. Arrumada, eis a leitora, mais bonita do que era antes. E brincando de seduzir, inventando, ela espera por ele prazerosamente – na antessala do prazer.

2

O leitor e o tempo

No parágrafo final de "Pierre Menard, autor do Quixote", de Jorge Luis Borges, lemos:

> Menard (talvez sem querê-lo) enriqueceu, mediante uma técnica nova, a arte retardada e rudimentar da leitura: a técnica do anacronismo deliberado e das atribuições errôneas. Essa técnica de aplicação infinita não leva a percorrer a *Odisseia* como se fora posterior à *Eneida* e o livro *Le jardin du centaure* de Mme. Henri Bachelier como se fora de Mme. Henri Bachelier. Essa técnica povoa de aventura os mais plácidos livros. Atribuir a Louis-Ferdinand Céline ou a James Joyce a *Imitação de Cristo* não é suficiente renovação dessas tênues advertências espirituais? (p. 38)

Pierre Menard é um intelectual, tradutor, crítico e poeta simbolista. A certa altura de sua vida, decidiu empreender uma aventura no mínimo insólita: escrever um *Dom Quixote* contemporâneo.

Não queria compor outro Quixote – o que é fácil – mas o Quixote. Inútil acrescer que nunca visionou qualquer transcrição mecânica do original; não se propunha copiá-lo. Sua admirável ambição era produzir páginas que coincidissem – **palavra por palavra e linha por linha** – com as de Miguel de Cervantes. (p. 33)

Seu método era simples: conhecer bem o espanhol do século XVII, recuperar a fé católica, guerrear contra os mouros ou contra os turcos, esquecer a história da Europa entre os anos de 1602 e 1618, *ser* Miguel de Cervantes. Menard pensou nesse método mas logo o afastou por ser fácil demais:

> Antes por impossível – dirá o leitor. De acordo, porém a empresa era de antemão impossível e de todos os meios impossíveis para levá-la a cabo, este era o menos interessante. Ser no século vinte um romancista popular do século dezessete pareceu-lhe uma diminuição. Ser, de alguma maneira, Cervantes e chegar ao Quixote afigurou-se-lhe menos árduo – por conseguinte, menos interessante – que continuar sendo Pierre Menard e chegar ao Quixote através das experiências de Pierre Menard. (p. 33)

Emir Monegal, no seu *Borges: uma poética da leitura,* elaborou um capítulo intitulado "O leitor como escritor", onde comenta, inclusive, esse conto. Entre tantos outros, Genette e, antes, Blanchot, já alertavam para a ampla perspectiva de uma nova abordagem do tema da leitura que a obra de Borges oferecia: a de um leitor ativo, que através da leitura dá vida ao texto.[12]

Menard é um leitor do *Quixote*. Crítico e bem informado, mas não como os leitores que conhecemos. Ele não pretende ser um leitor que, sentado confortavelmente em sua poltrona, longe dos barulhos do cotidiano, dê asas a sua imaginação e, assim, preencha os vazios, dê sentido ao texto de Cervantes. Também não deseja apenas criar mais um texto crítico, como um leitor escre-

---

[12] Ver, de Blanchot, *Le livre à venir* (Paris: Gallimard, 1959), e, de Gérard Genette, o ensaio "L'utopie littéraire", em *Figures* (Paris: Du Seuil, 1966).

vendo sobre o que lê, como na fase da sua *obra visível* — assim chamada pelo narrador e que inclui, por exemplo, uma monografia sobre a "Characteristica universalis", de Leibniz, e uma tradução da "Aguja de navegar cultos", de Quevedo, intitulada "La boussole des précieux".

Tampouco tem o propósito de fazer um pastiche, no sentido pós-moderno da palavra, qual seja, o de uma obra que se volta sobre outra para reescrevê-la, sem o sentido de plágio e sem intenções jocosas. Seu projeto não é criar esse tipo de reescritura da obra de Cervantes, reinventando, a partir da escrita do outro, um *Quixote* contemporâneo. O que ele deseja é escrever, literalmente, o texto lido.

O narrador do conto, um amigo de Menard, escreve buscando resgatar a imagem do escritor que, segundo ele, foi mal interpretado pela crítica. E transcreve algumas palavras de Menard registradas numa carta:

> Pensar, analisar, inventar (escreveu-me também) não são atos anômalos, são a respiração normal da inteligência. Glorificar o ocasional cumprimento dessa função, entesourar antigos e alheios pensamentos, recordar com incrédulo estupor o que o *doctor universalis* pensou, é confessar nossa languidez ou nossa barbárie. Todo homem deve ser capaz de todas as ideias e acredito que no futuro o será.
> (p. 38)

Apostar numa técnica que deliberadamente trabalha com anacronismos e errôneas atribuições é voltar-se contra a autoridade do *doctor universalis*, e mais: é atribuir ao pensamento e à análise um outro termo: a *invenção*.

Ao leitor é dado o direito de inventar, mas não apenas com seu poder de interpretação, pois isso já faz parte da própria tradição da leitura, quer dizer: não é ainda a grande conquista, segundo o ousado pensamento de Pierre Menard. Uns mais, uns menos inventivos, todos os leitores minimamente preparados têm a capacidade de suplementar, pelo ato de ler, o romance de Cervantes.[13]

O enriquecimento que Menard propõe não é, portanto, apenas o de atribuir ao ato da leitura o *status* da inventividade, é algo mais radical, como se vê na última frase da citação anterior: "Todo homem deve ser capaz de ter todas as ideias e acredito que no futuro o será."

O que ele busca é provar que não há diferença de valor entre quem escreve e quem lê. Seu projeto parece dizer que a diferença entre o ato da escrita e o ato da leitura está apenas no fato, circunstancial, de ter sido um o que sentou-se e combinou as palavras formando um objeto, e em um momento diferente ter sido outro aquele que deu vida a esse objeto.

Na abertura de *Fervor de Buenos Aires*, primeira reunião de seus poemas, Borges escreve, prenunciando Pierre Menard:

A QUIEN LEYERE

Si las páginas de este libro consienten algún verso feliz, perdóneme el lector la descortesía de haberlo usurpado yo, previamente. Nuestras nadas poco difieren; es trivial y fortuita la circunstancia de que seas tú el lector de estos ejercicios, y yo su redactor.

Menard poderia tentar *ser* Cervantes para então de novo escrever o *Quixote*, mas, como foi visto numa citação anterior, ele se recusa a partir por este caminho. Quer continuar sendo Menard

---

[13] Preferi aqui a palavra *suplemento* (Derrida) e não *complemento*. Suplemento soa melhor porque não sugere que o texto esteja incompleto, ao contrário, dá a ideia de que a leitura é o ato de acrescentar algo ao que já é completo. Para uma conceituação mais detalhada, ver SANTIAGO, Silviano. *Glossário de Derrida*. (Rio de Janeiro: Francisco Alves, pp. 88-89). Ver também o debate publicado com apêndice do ensaio "A permanência do discurso da tradição no Modernismo", de Silviano, publicado em *Nas malhas da letra* (São Paulo: Companhia das Letras, 1989, pp. 114-117).

e chegar ao livro de Cervantes sendo Menard. Querer se transformar em Cervantes seria não apenas mais enfadonho como também proibiria Menard de comprovar sua tese. O que lhe interessa é *ter a mesma ideia que o outro*. Menard parece dizer que é preciso existirem sempre escritores e leitores, mas apenas para que seja possível um dia comprovar que o fato de ser aquele que escreve não confere, ou não deveria conferir, a ninguém a superioridade sobre aquele que lê, comprovar que a diferença entre ambos é uma contingência e, mais grave, comprovar que é justamente dessa contingência que se nutre a cultura da autoridade intelectual, a cultura, lânguida ou bárbara, do *doctor universalis*.

Nada mais, nada menos do que a cultura que não soube compreender, nem jamais poderia ter compreendido um escritor, ou leitor, como Pierre Menard, autor do *Quixote*.

O leitor e o enigma

A epígrafe que abre o conto "Os crimes da rua Morgue" é uma passagem de *Urn-Burial*, de Sir Thomas Browne: "Que canção cantavam as sereias? Que nome tomara Aquiles quando se ocultou entre as mulheres? Perguntas são estas de embaraçosa resposta, é certo, mas que não estão fora de possíveis conjecturas."

E o prazer maior do refinado Auguste Dupin talvez não seja outro que o jogo das conjecturas, no qual, como afirma o narrador do conto, é bastante comum confundir o que é complexo com o que é profundo.

O xadrez, por exemplo, parece profundo, no entanto o despretensioso jogo de damas o supera nesse ponto. O xadrez, diz o narrador no início do seu relato, não é profundo, é complexo, composto de movimentos múltiplos e intrincados, em que a atenção prevalece sobre a perspicácia e o vencedor é normalmente o mais atento, não o mais hábil. No jogo de damas, de movimentos mais simples, há menos possibilidade de enganos e a vitória se dá por parte daquele que utiliza melhor a análise e a criatividade, aquele que é não só o mais atento como também o mais perspicaz.

Um crime horrendo pode parecer complexo. Uma jovem é encontrada dentro de uma lareira, enfiada ali sabe-se lá por que motivo, entalada. O apartamento totalmente revirado, manchas de sangue espalhadas pelo chão e pelas paredes. No pátio, logo abaixo da janela do apartamento, a velha tia dessa menina, com quem morava, está morta, a cabeça separada do corpo. Nada foi roubado, as duas vítimas não eram ricas nem tinham inimigos, os vizinhos ouviram gritos, barulho, mas ninguém viu o que realmente aconteceu.

Dupin e seu companheiro tomam conhecimento do crime lendo um exemplar da *Gazeta da Tribuna*, numa referência do autor aos grandes jornais populares que surgiram na Europa no século XIX e que teriam importância decisiva no nascimento da narrativa policial. O conto de Poe coloca em cena o *fait divers*, a notícia sensacionalista de crimes enigmáticos, que passa agora a integrar tanto a página do jornal quanto a do livro de ficção.

O leitor da época busca num conto policial o horror, o enigma e a astúcia na solução do caso, mas como se fosse tudo muito *real*, como se uma das principais condições para a aceitação popular daquela narrativa fosse o aspecto de realidade que ela produzisse, a habilidade do escritor em contar uma história que *parecesse mesmo de verdade*. Assim como a notícia de jornal, para ser lida com interesse por um grande número de leitores, deveria utilizar técnicas narrativas, assemelhar-se a *uma história bem contada*.

Dupin é um leitor, o narrador do conto é um leitor, o inspetor Vidocq, do departamento de polícia, é um leitor, como também é leitor o marinheiro, uma das chaves para a decifração do enigma e que só cai na armadilha de Dupin porque lê certo anúncio publicado por este num jornal de grande circulação. São leitores todos os cidadãos de Paris que acompanhavam o desenrolar da história escrita diariamente nos jornais, contada em forma de reportagem, a narrativa do enigma que atraía por sua espantosa complexidade: os crimes da rua Morgue. O conto de Poe é um jogo entre leitores.

Dupin toma conhecimento do caso pela leitura da *Gazeta*. É também dessa leitura que ele parte para a elucidação do mistério. Ele lê nos jornais os pormenores que envolvem o crime: local, data, hora, pessoas envolvidas, pareceres dos legistas e do delegado encarregado da investigação, depoimentos diversos etc. Ao contrário da polícia, que parte dos dados que vê e ouve em primeira mão, Dupin parte da leitura dos jornais, tendo a seu dispor não os fatos em si, mas aqueles já filtrados pelas leituras que deles fizeram a polícia e o próprio jornal.

O que poderia, a princípio, ser um obstáculo ao seu trabalho de detetive diletante, ou seja, trabalhar com elementos já contaminados por interpretações de terceiros, acaba se tornando um fator positivo: é lendo a leitura que os outros fizeram de certos dados que ele mais se aproxima de sua real significação. Depois de ler os jornais, Dupin conclui:

> A *Gazeta* (...), ao que me parece, não penetrou em todo o horror insólito do crime. Mas ponhamos de lado as opiniões ociosas desse jornal. Parece-me que este mistério é considerado insolúvel pela própria razão que o torna mais fácil de resolver, quero dizer, pelo caráter excessivo de seus aspectos. A polícia parece estar confusa diante da aparente ausência de motivo, não pelo próprio assassino, mas pela atrocidade do assassínio. (...) Caíram no erro comum, mas grosseiro, de confundir o insólito com o abstruso. (p. 98)

E logo em seguida revela, enfim, seu método: "Mas é por esses desvios do plano comum que a razão tateia seu caminho, se é que ele existe, na procura da verdade." (p. 98)

Dupin sabe ler não apenas os elementos mais evidentes do crime mas, sobretudo, sabe ler a leitura que o senso comum, no caso os jornais e a polícia, faz de tais elementos. O que os leitores comuns são unânimes em afirmar: trata-se de um caso praticamente insolúvel, dada a atrocidade do crime. O que o leitor Dupin afirma: trata-se de um caso simples de solucionar, dada a atrocidade do crime.

Lendo os jornais, Dupin avalia os depoimentos das pessoas que passaram perto do local na hora do crime e as interpretações que desses depoimentos faz a polícia. Quando todos já se rendiam ao mistério, ele encontra a solução:

> Em investigações, como a que nos ocupa agora, o que importa não é perguntar 'que se passou?', mas 'que se passou que já não tenha se

passado antes?' De fato, a facilidade com que chegarei, ou já cheguei, à solução deste mistério está na razão direta de sua aparente insolubilidade, aos olhos da polícia. (p. 96)

O crime parecia, para a polícia, uma intricada partida de xadrez. Dupin sabia que se tratava de um jogo de damas. Ou ainda, numa terceira hipótese, mais plausível, tratava-se de uma bela rodada de cartas, de *whist*, em que o jogador não deve se prender exclusivamente ao jogo. É Dupin quem afirma:

> O que é necessário é saber *o que* observar. Nosso jogador não se limita unicamente ao jogo (...) Examina a fisionomia de seu companheiro, comparando-a cuidadosamente com a de cada um de seus oponentes. Observa a maneira de distribuir as cartas, cada vez que estas são dadas, contando, não raro, trunfo por trunfo e ponto por ponto, por meio dos olhares lançados pelos jogadores às suas cartas. Nota todas as variações que se operam nas fisionomias à medida que o jogo prossegue, reunindo grande número de ideias através das diferenças que observa nas expressões dos companheiros: expressões de segurança, de surpresa, de triunfo ou de pesar (...) tudo isso proporciona, à sua percepção aparentemente intuitiva, indicações quanto ao verdadeiro estado de coisas. (pp. 113-114)

Dupin, como um bom jogador de *whist*, lê o jogo em si e lê também a forma como os outros leem o jogo. Para chegar à decifração do enigma, o detetive-jogador estabelece um método: cruzar leituras.

O leitor amoroso

Emilio, que amava Anna, que amava Lutércio, que amava Eurípides. É esta uma das cirandas do amor construídas no decorrer do romance *Aqueles cães malditos de Arquelau*, de Isaías Pessotti.

O livro conta a história de um grupo de jovens pesquisadores do Instituto Galilei, na Itália do final dos anos sessenta, que por acaso se depara com um manuscrito inédito do século XV, escondido numa *villa* do Piemonte. Trata-se de um estudo sobre a obra de Eurípides, escrito por um enigmático *bispo vermelho*.

A descoberta vem seguida de outras e acaba despertando no grupo a vocação detetivesca. Com exceção de um deles, Tulio, os pesquisadores — que trabalham em diversas áreas de estudo: psicologia, filosofia, medicina, direito, teatro grego — se jogam de corpo e alma na tarefa de descobrir outros manuscritos e, principalmente, na tentativa de montar a biografia do bispo vermelho, na verdade um cardeal perseguido pela Inquisição por suas ideias arrojadas.

Emilio é o narrador da história e deixa claro, desde o início, que, apesar de terem optado por áreas diferentes, uma coisa os une:

> Tínhamos (...) algumas doenças comuns a todo o grupo, ou quase todo: a bibliomania mais crônica que se possa imaginar, uma paixão neurótico-delinquencial por textos antigos, que nos levava frequentemente a visitas subservientes a párocos, conventos, igrejas e colégios. (p. 10)

Além disso, todos tinham aversão a qualquer disciplina rígida de leitura e encaravam o estudo sempre pelo prisma da paixão. Como bem observa Renato Janine Ribeiro na primeira edição do romance, em *Aqueles cães malditos de Arquelau* razão e paixão interagem o tempo todo. Os personagens são movidos por essa interação: pensam com a mesma intensidade com que se apaixonam – pelo outro, por um vinho, um faisão, um vitral. Todos estudam muito, falam muito, bebem e comem muito. Um dos melhores momentos do livro, aliás, é quando Lorenzo, Anna e Emilio vão almoçar num pequeno restaurante nos arredores de Milão e ouvem do cozinheiro, Giulio, que não tem nada de intelectual, uma verdadeira teoria sobre o tema *genialidade*, a partir da simples descrição de um prato e da maneira de prepará-lo.

Emilio ama Anna, que também o ama. A história dos dois não poderia, certamente, fugir ao entrecruzar de razão e paixão que envolve todo o romance. Embora Emilio já estivesse apaixonado há algum tempo, sem saber como revelar isso, os dois só acabam mesmo se encontrando quando começam a trabalhar juntos no manuscrito.

É um manuscrito em latim que só Emilio, dentre os pesquisadores do grupo, conseguiria traduzir, o que lhe dá a guarda do texto até o final da tradução. Por outro lado, trata-se de um comentário crítico sobre a obra de Eurípides, especialidade de Anna, que trabalha com teatro grego. Melhor cupido, impossível.

A ciranda não para por aí. À medida que desenvolvem suas investigações, Anna e Emilio vão se apaixonando pelo autor do manuscrito, Lutércio, o bispo vermelho. Descobrem, posteriormente, que Lutércio era cardeal, e foi perseguido pelo Santo Ofício. E mais: era apaixonado leitor de Eurípides.

Mais ainda: no prólogo de seu *Commentarium*, onde dedica o texto a Eurípides, Lutércio cita a frase escrita no túmulo de um personagem marcado como símbolo da paixão: Abelardo. A frase, escrita por Heloísa. Emilio, ainda numa primeira versão, traduziu assim essa passagem:

ONDE SE CHOROU A MORTE DE PEDRO ABELARDO li, DEDICADA AO CAVALEIRO DA DIALÉTICA (a frase), para quem tornou-se claro como o sol todo o (universo do) sabível, por causa de seu conhecimento sobre a razão humana. Direi o mesmo de Eurípides, o supremo mestre da natureza dos homens, para quem se fez claro como o sol todo o saber sobre as paixões humanas, a ele que, nelas, também procurou tenazmente a verdade, ainda que por outros caminhos, como se fosse um cavaleiro da paixão. (p. 97)

Heloísa, no momento de deixar registrada na pedra toda a sua paixão por Abelardo, ressalta no amado a sabedoria, o conhecimento: para Abelardo, tornou-se claro como o sol todo o universo do sabível. E Lutércio resgata essa frase justamente porque também Eurípides soube realizar a fusão. Fusão de *saber* e *sabor*, como diria Barthes.[14]

Ou, nas palavras de Junito Brandão, em *Teatro grego*, a propósito da obra de Eurípides:

Em Eurípides o rompimento foi total (...) Das trevas de Elêusis de Ésquilo aos píncaros do Olimpo de Sófocles, a tragédia de Eurípides desceu para as ruas de Atenas. Moira, a fatalidade cega de Ésquilo, e Logos, a razão socrática de Sófocles, transmutaram-se em Eurípides em Eros, a força da paixão. Como dizia a própria Medeia, vinte e dois séculos antes de Pascal, o coração tem razões que a própria razão desconhece. (p. 57)

Anna, numa conversa com Isabella, Tulio e Emilio, reforça essa leitura da obra de Eurípides:

ele (Eurípides) marcou seu século e a nossa cultura para sempre. De fato, nenhum de seus mestres tão ilustres reunia à sabedoria e

---

[14] Ver Aula. Trad. Leyla Perrone-Moisés. São Paulo: Cultrix, s.d., p. 47.

à elevação ética tanta criatividade, tanta sensibilidade e, mais que isso, tanto respeito e interesse pelas paixões dos homens. Resumindo, ele juntava ao saber a sabedoria e, à sabedoria, a paixão. Qual mulher não amaria um homem assim? (p. 101)

A última ponta, enfim, da quadrilha amorosa. No decorrer da pesquisa, descobrem que Lutércio foi de fato um homem ousado, inteligente, criativo, que chegou a ter poder dentro da Igreja mas que rompeu com tudo por discordar da Inquisição, sofrendo até o fim da vida as consequências disso.

Descobriram também que ele viveu um romance com Victoria, esposa de seu irmão, que mandou assassinar os dois. Talvez fosse Victoria a motivação para ressuscitar Heloísa, na frase citada no prólogo do *Commentarium*.

Anna e Emilio, dois intelectuais apaixonados pela leitura de textos antigos, descobrem um manuscrito apaixonado sobre a obra de um autor, Eurípides, que se caracterizou sobretudo por escrever sobre as paixões humanas. Entremeando esse enredo, a paixão de Anna e Emilio, de Lutércio e Victoria, de Abelardo e Heloísa.

Aqueles cães malditos de Arquelau se apresenta, assim, como uma engenhosa engrenagem que vai nos revelando aos poucos seu funcionamento, e que poderia mesmo se autodefinir na afirmação de Emilio, bem barthesiana: "O conhecimento deve ter alguma dimensão erótica." (p. 105)

O romance se constrói como uma trama entre leitores. Anna e Emilio se apaixonam a partir da leitura de um manuscrito, que é a prova da paixão de Lutércio pelo texto de Eurípides: razão e paixão são dois caminhos que se cruzam justamente no território da leitura.

No romance, vemos desfilar leitores que se entregam de coração ao texto, seja ele um *Commentarium*, uma tragédia grega, um quadro pintado numa capela, ou ainda uma mulher ou um homem desejados. Mas não se entregam cegamente.

Anna e Emilio são um pouco como Lutércio, Abelardo, Eurípides. Leem com o corpo inteiro, se entregando, mas também com o intelecto, com a razão. Até porque, como se viu, são leitores apaixonados pelo saber. Em nada se parecem, por exemplo, com aquele leitor que parte para o texto num mergulho sem volta, numa espécie de catarse absoluta ou de idolatria.

Por mais que o texto os fascine, Anna e Emilio sabem sair dele de vez em quando. Sabem que é preciso ler o texto mas sabem também que é preciso se ler fora do texto. Não confundem geografias. Saber dessas coisas, desses pequenos segredos de leitura, é que os une.

O leitor e a cidade

Ao ganhar um prêmio na loteria, Epifânio pede demissão da companhia de águas e esgotos para dedicar-se a escrever, e passa a se chamar Augusto. Quando não está escrevendo, ou ensinando as prostitutas a ler, Epifânio, agora Augusto, caminha pelas ruas do centro do Rio de Janeiro:

> Em suas andanças pelo centro da cidade, desde que começou a escrever o livro, Augusto olha com atenção tudo o que pode ser visto, fachadas, telhados, portas, janelas, cartazes pregados nas paredes, letreiros comerciais luminosos ou não, buracos nas calçadas, latas de lixo, bueiros, o chão que pisa, passarinhos bebendo água nas poças, veículos e principalmente pessoas. (p. 12)

Quando tinha oito anos, Augusto, personagem do conto "A arte de andar nas ruas do Rio de Janeiro", de Rubem Fonseca, conseguiu uma lente que servia para examinar fibras de tecido na loja do pai e uma noite pôs-se a olhar através da lente de aumento a lâmpada do teto de sua casa:

> Deitado, naquele ano distante, olhou pela lente a lâmpada no teto da casa onde morava, que era também um sobrado ali no centro da cidade, e cuja fachada foi destruída para dar lugar a uma imensa placa luminosa de acrílico de uma loja de eletrodomésticos (...) lembra-se daquela noite, em que ficou olhando para a lâmpada no teto e através da lente viu seres cheios de garras, patas, hastes ameaçadoras, e imaginou, assustado, o que poderia acontecer se uma coisa daquelas descesse do teto; os bichos ora apareciam, ora desapareciam, e o deixavam amedrontado e fascinado. Afinal descobriu, quando o dia amanhecia, que os bichos eram suas pestanas; quando piscava, o monstro aparecia na lente, quando abria os olhos, o monstro sumia. (p. 18)

Andar pelas ruas, ler as ruas pela leitura de seus signos, é uma arte que Augusto conhece bem, desde criança: a arte de *ver*. E tal aprendizado, Augusto sabe, sobretudo numa cidade como o Rio de Janeiro, e no centro dessa cidade, é uma experiência vivida nos limites do fascínio e do medo. Ver é perigoso.

O perigo de ver, de ler a cidade, não está apenas na cidade mas nos próprios olhos de quem a vê. Mesmo depois de adulto Augusto ainda repete, de brincadeira, o jogo da lente e do monstro, olhando para a claraboia do sobrado onde se instalou para escrever o livro, como que impedido de esquecer que tem um passado, e que de uma maneira ou de outra é também com os olhos do passado que ele monta sua leitura das ruas e das pessoas. O monstro que fascina e amedronta seu olhar é o seu próprio olhar. A cidade é fascinante e ameaçadora, sem dúvida, mas apenas tanto quanto os olhos de seus leitores.

O leitor e a cidade

A frase inicial de *Cidade de vidro*, primeiro romance de *A trilogia de Nova York*, do americano Paul Auster, é significativa: "Foi um número errado que começou tudo, o telefone tocando três vezes, altas horas da noite, e a voz do outro lado chamando alguém que não morava ali." (p. 9)

Tudo começa com um engano. O telefone toca três vezes no meio da noite no apartamento de Daniel Quinn, um escritor de romances policiais que escreve com o pseudônimo de William Wilson, personagem de Poe. Do outro lado da linha, alguém diz querer falar com Paul Auster. Diante da resposta negativa, a pessoa insiste:

– Paul Auster. Da Agência de Detetives Auster.
– Lamento – disse Quinn. – É engano. (p. 13)

Daniel Quinn criara um detetive, Max Work, com quem se identificava cada vez mais, o detetive agindo em vários momentos exatamente como ele gostaria de agir.

A mesma pessoa do telefonema anterior torna a chamar outras vezes e, numa delas, Quinn prefere mentir: diz que sim, é Paul Auster, o detetive. Não satisfeito em ser Daniel Quinn, Max Work e William Wilson, decide se fazer passar também por Paul Auster, de quem nunca ouvira falar.

Daí em diante os enganos vão se multiplicando a cada página, vão surgindo outros personagens – inclusive o próprio Paul Auster, não o detetive mas o escritor, que no momento em que se encontra com Quinn está escrevendo um ensaio sobre a verdadeira autoria do *Dom Quixote* –, e situações que se entrelaçam, com revelações que mais escondem que mostram, criando uma narrativa labiríntica na qual o leitor é convidado a se perder.

Em sua nova profissão de detetive, Quinn acaba se envolvendo mais do que suporta na teia perigosa das conjecturas e, ao final, fica louco. A partir de certo momento, as coisas começam a perder completamente o sentido, ele não encontra mais o fio que antes as ligava e a loucura vai tomando conta dele pouco a pouco.

Numa primeira leitura, considerando os títulos do romance e do volume – *Cidade de vidro* e *Trilogia de Nova York* –, é possível pensar na relação entre Quinn e a cidade como a causadora de sua loucura.

No ensaio "Experiência e pobreza", Benjamin comenta as casas de vidro dos romances meio *sci-fi* de Paul Scheerbart, dizendo que representam bem o homem das grandes cidades. O vidro, diz ele, é um material duro e liso, no qual nada se fixa. E complementa: "É também um material frio e sóbrio. As coisas de vidro não têm nenhuma aura." (p. 117)

O fato de ninguém ter notado a presença de Quinn, que já no final da história mora durante um bom tempo numa lata de lixo, ou de terem notado e não o auxiliarem, demonstraria a frieza da cidade, assim como o fato de o terem desalojado sem aviso, sumindo com seus móveis, livros, rascunhos.

Sofrer a indiferença das grandes cidades poderia ter levado Quinn a isolar-se e, num processo relativamente rápido, a enlouquecer. No final, o narrador, que se diz um ex-amigo de Paul Auster, acusa este de não ter auxiliado Quinn, de não ter feito nada para salvá-lo.

É uma hipótese possível para explicar a loucura de Quinn, mas prefiro outra, a meu ver mais condizente com a própria escrita de Paul Auster, tão afeita a jogos de metalinguagem, sobretudo nesse romance.

Desde o início, o protagonista é apresentado como um leitor: "Lia muitos livros, ia a exposições de pintura, ia ao cinema." (p. 9)

A própria escolha do pseudônimo, William Wilson, revela um leitor de Poe. E é muitas vezes tendo por modelo um detetive de Poe, Dupin, que ele vai reagir diante das situações de seu novo ofício. Por exemplo, no momento em que não consegue entender os atos de Stillman, um velho que ele investiga a serviço de seu cliente:

> Mas os fatos do passado pareciam não ter nenhum apoio nos fatos do presente. Quinn estava profundamente decepcionado. Sempre imaginara que a chave do êxito de um detetive residia na observação minuciosa dos detalhes. Quanto mais acurado o exame, mais satisfatórios seriam os resultados. O pressuposto era de que o comportamento podia ser compreendido, que por baixo da infinita fachada de gestos, tiques e silêncios, existia afinal uma coerência, uma ordem, uma fonte de motivação. Mas depois de quebrar a cabeça para decifrar todos esses efeitos de superfície, Quinn não se sentiu nem um pouco mais perto de Stillman do que estava quando começou a segui-lo. (p. 77)

Observação e dedução, diria Dupin, e mais tarde Sherlock, eis o método do detetive perfeito. Quinn parece ter aprendido isso na leitura de Poe, e, assim como o narrador de "O homem da multidão", sente-se desolado diante de um velho que não consegue decifrar.

Algumas páginas antes da passagem citada, aliás, Quinn já registrava, no caderno vermelho onde fazia as anotações diárias, sua admiração por Dupin, a quem recorria como que pedindo conselho: "E no entanto o que é que Dupin diz no conto de Poe?" (p. 49)

Quinn lê também, justamente na época do telefonema, do engano que daria origem a tudo, um outro livro: *Viagens*, de Marco Polo. Ironicamente, pouco antes de receber o tal telefonema, o primeiro deles, lê o seguinte trecho:

Vamos assinalar as coisas vistas como vistas, as ouvidas como ouvidas, de tal sorte que nosso livro possa representar um registro preciso, isento de qualquer tipo de invenção. E todos os que lerem este livro ou ouvirem sua leitura poderão fazê-lo com total confiança, porquanto ele nada contém senão a verdade. (p. 12)[15]

Quando jovem, Daniel Quinn publicara vários livros de poesia, escrevera peças de teatro, ensaios, numerosas traduções. Certo dia, no entanto, abandonou tudo, inclusive os amigos, e passou ao completo anonimato. Sem mais explicações.

Continua a escrever – era a única coisa de que se sentia capaz – mas agora como William Wilson. Tem um agente literário, mas nunca se encontraram. Não há fotos suas em seus livros, sequer uma nota biográfica. Não comparece a associações de escritores, não dá entrevistas, não responde cartas. Passa a viver num outro mundo, sem sair de Nova York.

Quinn constrói uma nova cidade, uma *cidade de leitor*. Nela, a relação com o mundo concreto, o *real*, pouco importa. Ele inventa um cidade em que prevalecem as histórias, onde impera a ficção, e se joga nessa nova cidade como mais uma peça do enredo: "Tinha, é claro, muito tempo atrás, parado de pensar em si mesmo como uma pessoa real." (p. 15)

Cidade artificial e frágil, como o vidro, que ameaça romper-se a todo instante. Cidade dos personagens, enredos, cenários, suspensa sobre a Nova York real como num jogo de espelhos, e

---

[15] Mantenho aqui o título *Viagens*, como aparece na tradução brasileira do romance de Paul Auster, feita por Rubens Figueiredo. Na tradução do livro de Marco Polo para o português, de Elói Braga Jr., o título é *O livro das maravilhas: a descrição do mundo*. Braga utilizou como base a versão francesa, traduzindo da seguinte maneira o trecho citado: "Portanto, nos referimos às coisas vistas por vistas e às ouvidas por ouvidas, para que nosso livro seja fiel, sem artifícios e enganos, e para que as aventuras que aqui se descrevem não sejam tomadas por fábulas. E todos que o lerem e entenderem devem crer nele." (Porto Alegre: L&PM, 1994, p. 33)

pela qual opta quando decide se esconder sob o nome de um personagem de Poe: William Wilson. Quando escreve, é sobre essa cidade:

> Para Quinn, o que interessava nas histórias que escrevia não era a sua relação com o mundo, mas a sua relação com as outras histórias. Ainda antes de se transformar em William Wilson, Quinn fora um fanático leitor de romances de mistério. (p. 14)

Daniel Quinn é um leitor louco, que resolve mergulhar no texto que ele mesmo vai criando. Inventa uma cidade não invisível mas transparente, como o vidro, que deixa ver através de si a cidade de Nova York. Talvez ele saiba que o preço para habitar a cidade inventada é a perda da lucidez, ou quem sabe só tenha descoberto isso tarde demais.

Quinn é também um leitor que sonha. Decide abandonar seu passado — por motivos não revelados — e criar um mundo de sonho, onde pode ser um detetive como Dupin ou como o Max Work que ele mesmo criou. Aqui, nesse mundo novo, onde ninguém o conhece, pode viver à vontade suas fantasias de leitor.

É por ser louco e sonhador que ele mesmo se compara, já quase no final de sua epopeia pelas cidades de vidro — Nova York e a outra — a um outro leitor: "Quis saber por que seu nome tinha as mesmas iniciais de Dom Quixote." (p. 144)

Perdido na cidade grande, Quinn recorta de suas leituras os tijolos de vidro com que constrói uma cidade sonhada. E, para seu desespero, também nesta ele se perde.

3

O leitor amoroso

Não creio que haja, em nossa literatura, braços mais formosos que os de D. Severina. Naquele remoto ano de 1870, na rua da Lapa, Rio de Janeiro, eram eles que tiravam o sono do jovem Inácio e davam título a um belo conto de Machado de Assis.

O conto "Uns braços" nos mostra a casa de um solicitador do Fórum, Borges, homem voltado exclusivamente para o trabalho, de hábitos rígidos, um tanto grosseiro, pouco afeito a sutilezas. Borges é casado com D. Severina, mulher nem feia nem bonita mas graciosa nos seus "vinte e sete anos floridos e sólidos". Com eles, mora Inácio, funcionário de Borges, filho de um barbeiro da Cidade Nova, colocado naquela casa pelo pai para que tomasse gosto pela carreira jurídica.

Inácio, nos seus quinze anos, pouco progresso demonstrava na aprendizagem do ofício, certamente porque sua atenção só tinha olhos para uma causa: os braços daquela senhora. Mais do que qualquer dos livros de aventuras que lia, aqueles braços eram seu texto de prazer.

Lia-o três vezes por dia, durante as refeições, enquanto Borges soltava seus impropérios contra ele, Inácio, ou outra vítima qualquer. Continuava a lê-lo também após o jantar, sozinho no quarto, antes de dormir, e até depois, nos sonhos. Os braços, sempre à mostra, belos e cheios, eram seu livro de cabeceira: "Nunca ele pôs os olhos nos braços de D. Severina que se não esquecesse de si e de tudo." (p. 491)

Se Inácio ainda permanecia na casa, apesar de todos os sacrifícios do dia, apesar da solidão e das humilhações impostas pelo patrão, era porque ali poderia ler aquele texto proibido (ou meio proibido) e aventurar-se como um cavaleiro pelos bosques, salvando princesas que tinham sempre a cara de D. Severina:

> Os braços de D. Severina fechavam-lhe um parêntese no meio do longo e fastidioso período de vida que levava, e essa oração intercalada trazia uma ideia original e profunda, inventada pelo céu unicamente para ele. (p. 494)

O que Inácio não sabia, no entanto, é que também ele estava sendo lido.

Por mais que o menino tentasse disfarçar, certo dia a dona dos braços sentiu-se observada. Inácio, desde então, sem que percebesse, tornou-se texto. E quem o lia não era, como ele, um leitor ingênuo, puro, romântico.

Tratava-se, agora, de uma leitora com mais astúcia, ainda que sem muita experiência nesse tipo de leitura. A inexperiência nas leituras da sedução, porém, era compensada por outro atributo: a vaidade. É a vaidade que vai guiá-la no sinuoso exercício de ler Inácio:

> Naquele dia, enquanto a noite ia caindo e Inácio estirava-se na rede (não tinha ali outra cama), D. Severina, na sala da frente, recapitulava o episódio do jantar e, pela primeira vez, desconfiou alguma cousa. Rejeitou a ideia logo, uma criança! Mas há ideias que são da família das moscas teimosas: por mais que a gente as sacuda, elas tornam e pousam. Criança? Tinha quinze anos; e ela advertiu que entre o nariz e a boca do rapaz havia um princípio

de rascunho de buço. Que admira que começasse a amar? E não era ela bonita? Esta outra ideia não foi rejeitada, antes afagada e beijada. E recordou então os modos dele, os esquecimentos, as distrações, e mais um incidente, e mais outro, tudo eram sintomas, e concluiu que sim. (p. 493)

Tudo eram sintomas, tudo eram signos de um texto que D. Severina construía a partir daquilo que gostaria de estar lendo naquele momento. A possibilidade de estar sendo admirada era, para D. Severina, como um folhetim agradável, bem contado, sobretudo em meio a tantas intrigas de quinta categoria que lhe passavam pelos olhos diariamente, ao lidar com a casa e o marido. Ela *queria* ler aquilo e portanto, segundo a lógica bastante singular de certa categoria de leitores, aquilo era o texto.

Ao contrário do que geralmente acontece nesses casos, D. Severina acerta na sua leitura. Resta apenas um problema: o que fazer com isso? Deixar-se ler assim tão apaixonadamente por um menino de quinze anos? Ou, para o bem de todos, esconder-se, inventar-se como outro texto, agora não mais de prazer mas de frustração do jovem leitor?

Num primeiro momento, a vaidade vence a culpa. A cada refeição, lança seus olhos baixos, furtivamente, para o menino. Pouco no primeiro dia, mais nos dias seguintes, até tomar gosto pela brincadeira. Todos os dias, ela observa Inácio a observá-la, transitando entre ser leitora e ser texto, como um conto fantástico que, ao mesmo tempo em que fosse lido, também lesse seu próprio leitor.

Certo dia, dormia Inácio em seu quarto, a porta aberta, um braço para fora da rede, no chão um romance. D. Severina, certificando-se de que Borges já saíra para o trabalho, vai até o quarto do menino e para na porta, a observá-lo. Uma criança!, ela pensa, ao vê-lo assim tão entregue ao sono. Logo depois, outro pensamento:

bonito, muito mais bonito que acordado. E "uma dessas ideias corrigia ou corrompia a outra", como nos diz o narrador. Inácio dormia, e sonhava. Sonhava justamente com D. Severina, talvez com a mesma intensidade de quando o fazia acordado:

Que não possamos ver os sonhos uns dos outros! D. Severina ter-se-ia visto a si mesma na imaginação do rapaz; ter-se-ia visto diante da rede, risonha e parada; depois inclinar-se, pegar-lhe nas mãos, levá-las ao peito, cruzando ali os braços, os famosos braços. Inácio, namorado deles, ainda assim ouvia as palavras dela, que eram lindas, cálidas, principalmente novas – ou, pelo menos, pertenciam a algum idioma que ele não conhecia, posto que o entendesse. Duas, três e quatro vezes a figura esvaía-se, para tornar logo, vindo do mar ou de outra parte, entre gaivotas, ou atravessando o corredor com toda a graça robusta de que era capaz. E tornando, inclinava-se, pegava-lhe outra vez das mãos e cruzava ao peito os braços, até que, inclinando-se, ainda mais, muito mais, abrochou os lábios e deixou-lhe um beijo na boca.
Aqui o sonho coincidiu com a realidade, e as mesmas bocas uniram-se na imaginação e fora dela. A diferença é que a visão não recuou, e a pessoa real tão depressa cumprira o gesto, como fugiu até a porta, vexada e medrosa. (p. 496)

Inácio e D. Severina encenam o teatro dos enganos. Ele pensa que sonha que está sendo beijado, quando na verdade o beijo é real. Ela, por sua vez, é assolada pela dúvida: ele de fato dormia ou apenas fingia dormir?

Texto e leitor se encontram, então, numa encruzilhada. Como leitora, D. Severina não sabe como ler Inácio: texto ambíguo, de repente convertido em pura armadilha. Para o leitor Inácio, D. Severina continua sendo um texto-sonho, e por pensar assim é que nos dias, meses e anos seguintes jamais entenderá por que foi mandado embora da casa.

D. Severina opta. A partir daquele dia, passa a tratá-lo de forma fria, distante. Inácio, ainda envolto na atmosfera onírica, embalado ainda por mares, gaivotas e beijo, não repara imediatamente na mudança, nem mesmo nota, no primeiro dia após o *sonho*, o fato de D. Severina apresentar-se à mesa com um xale cobrindo os braços.

A mulher encerra o espetáculo da sedução. Os braços – texto erótico – não se mostram mais. O xale é o ponto final fincado com força na última frase da história, é a cortina se fechando, solene, no fim do ato.

Inácio é aquele que não sabe. Ignora qualquer malícia e não entende quando Borges, alguns dias depois, manda-o de volta para a casa do pai. Supõe alguma imprudência de sua parte, alguma indiscrição, algo que tenha ofendido a esposa de Borges, sem suspeitar que a razão é outra, e a culpa, se existe, não é dele.

Protótipo do leitor romântico, Inácio lê o mundo com os olhos do êxtase. Lê apenas o que sonha, ainda que as palavras à sua frente apontem para outras direções.

D. Severina, ao contrário, vive seu romance clandestino apenas como se vive a leitura de um folhetim com começo, meio e fim. Como leitora, ela sai da monotonia de seu mundo cotidiano para experimentar, por alguns bons momentos, o mundo, proibido, do prazer, da leitura erótica que se instaura entre o fascínio e o medo. Quando, no entanto, o sonho é ameaçado pela realidade, opta pela segunda, fechando a página do livro.

Para Inácio, inocente, romance e mundo se misturam. Ao ler a história da *Princesa Magalona*,[16] é o rosto e o talhe de D. Severina o

---

[16] Trata-se provavelmente de um dos romances, na maioria de origem francesa, que se popularizaram no Rio de Janeiro no início do século XIX. Marlyse Meyer cita o Magalona em meio a outras histórias do gênero, com *Sinclair, João de Calais, Carlos Magno*. Ver *Folhetim, uma história*. São Paulo: Companhia das Letras, 1996, p. 45.

que ele vê. Pouco importa, então, ser mandado de volta para casa se a imagem do sonho vai acompanhá-lo por onde for:

> Não importa; levava consigo o sabor do sonho. E através dos anos, por meio de outros amores, mais efetivos e longos, nenhuma sensação achou nunca igual à daquele domingo, na Rua da Lapa, quando ele tinha quinze anos. Ele mesmo exclama às vezes, sem saber que se engana:
> – E foi um sonho! Um simples sonho! (p. 496)

Não é por acaso que no momento do beijo D. Severina está acordada e Inácio dormindo. Ela é a leitora colocada no mundo lúcido, desperto, onde as coisas são o que precisam ser. Ele, à sua maneira, lê no espaço do devaneio, deitado entre nuvens de céus imaginados, sem medo da queda.

D. Severina, mantendo o desejo sob controle, é aquela que lê às claras, à luz do dia, enquanto Inácio, moço apaixonado, faz sua leitura entre névoas, nas sombras – ao mesmo tempo doces e perigosas – do sono.

Por toda a vida, Inácio carregará aquela imagem, como quem carrega no bolso a foto da mulher amada e não tida, mas beijada em sonhos. Em todos os beijos futuros, sempre o primeiro beijo, tão intenso quanto aquele encontro sonhado numa rede, à tarde, no delírio dos quinze anos. Em todas as futuras leituras eróticas, a memória da primeira.

Mais marcante que os folhetins românticos, onde se deliciava com as aventuras de reis e rainhas, foi D. Severina a primeira história que Inácio leu amorosamente. Em todas as heroínas que vierem, virão sempre o rosto, o talhe, os braços dela.

D. Severina, seu primeiro livro de verdade.

O leitor e o enigma

A certa altura do romance *O quieto animal da esquina*, de João Gilberto Noll, o narrador comenta: "Olhei para Kurt, mas eu não tinha nada para ler no seu rosto além do cansaço." (p. 51)
Desde as primeiras páginas da história, o narrador se apresenta como um leitor. Leitor de livros, sentado às tardes numa mesa da Biblioteca Pública, e leitor de imagens, perambulando pelo centro de Porto Alegre, um pouco como Augusto Epifânio, de Rubem Fonseca, lendo o centro do Rio no conto "A arte de andar nas ruas do Rio de Janeiro", ou o inquieto narrador de "O homem da multidão", de Poe, seguindo pelas movimentadas ruas do centro de Londres um velho misterioso.

Mas se o narrador de Poe é um personagem obcecado pela razão, se seu prazer maior consiste em revelar o que se esconde sob todo enigma, em Augusto Epifânio e, mais fortemente, no narrador de Noll, há uma certa apatia, uma descrença no mundo aparente, de ruas, casas, pessoas, empregados, patrões, e uma entrega quase absoluta ao acaso e ao espaço reinventado pela poesia:

> Às vezes até que parava em filas de candidatos a algum emprego, puxava então qualquer pedaço de papel do bolso, uma caneta, se alguém me olhasse eu simulava um ar meio severo, como se estivesse anotando não uns versos que me vinham à cabeça, mas o lembrete de uma obrigação urgente. (p. 5)

Quando começa a história, o narrador de *O quieto animal da esquina* tem dezenove anos, está desempregado, mora com a mãe num pardieiro em Porto Alegre que a qualquer momento pode ser invadido pela polícia, e costuma andar pelas ruas tão alheio que às vezes se esquece de seu destino: "Aí lembrei, estou indo para casa." (p. 7)

Os fatos que mudarão sua vida: engravidar uma jovem, ser preso, ser solto por um casal de alemães que o adota, ainda não aconteceram. Quando acontecem, ele não percebe. Só percebe as coisas bem depois de acontecidas e mesmo assim de forma nebulosa, incompreensível. No decorrer da narrativa, ele com freqüência se utiliza de adjetivos como *esquecido, bobo, estonteado* para referir-se a si mesmo.

Ao contrário do narrador de Poe, este é um leitor que não tem vontade ou força para se deixar seduzir por respostas. Em alguns momentos, sobretudo a partir da segunda metade da história, o narrador ainda faz um esforço na tentativa de entender, de ler com os olhos da lucidez o que se escreve à sua volta. Mas são tentativas inúteis, que não fazem parte de sua natureza.

Para ele, basta a sensação de estar protegido. Como um quieto animal, busca repetir os atos que alguma vez lhe tenham rendido um afago qualquer. Um sorriso amarelo, uma frase ensaiada à força de repetição.

É um leitor, desde o início, cansado de entender. Diante, por exemplo, do ódio da amante, Amália, que o chama de assassino, limita-se a comentar: "percebi no fundo dos seus olhos um sinal de alarme, e concluí que eu não teria a disposição de decifrá-lo." (p. 33)

Tudo que tem de energia converge para dois polos: escrever poemas e tentar sobreviver longe de um passado miserável. Sobre os poemas, não tece nenhum comentário crítico, como se não pensasse sobre eles ou sobre o ato de escrever. Para manter sua cama, sua comida, seu conforto, não desenvolve nenhuma estratégia mais sofisticada. Nem, portanto, para a atividade de escrever, nem para a de ler – ler o texto em que está inserido, para tentar uma fala mais eficiente –, ele se utiliza de algum método racional.

Como poeta e como leitor, é puro instinto:

> Eu nunca tinha comido tão bem, aquele vinho que eu esperava ver dali para a frente em todos os almoços, aquilo tudo me instigava a acreditar que chegara a minha vez, me agarraria com unhas e dentes àquela oportunidade única que eu não sabia de onde tinha vindo nem até onde iria, sim, eu não a deixaria escapar, mesmo que tivesse de fazer exatamente o que eles esperavam de mim, aquilo era meu, eu bem que gostaria até que não houvesse muita explicação, adquirir a certeza de que aquilo era meu bastava, e no mais seria esquecer aquele passado de merda. (p. 26)

O narrador do romance de Noll faz parte de uma família de leitores desencantados. Vivem na cidade grande a experiência do anonimato, da solidão absoluta, da falta de sentido das coisas. Passeiam pelas bibliotecas públicas, pelas ruas movimentadas, entram nos cinemas, bares, cabarés, sem entender como e para que funciona tudo isso. Personagens que esperam, sem muita convicção, que algo aconteça.

No início de "O homem da multidão", o narrador do conto de Poe refere-se a um livro alemão *que não se deixa ler*. Mais tarde, percebemos que a frase pode servir para definir o velho que o narrador segue obsessivamente, mas também funciona como definição da própria cidade de Londres, então se transformando numa das primeiras metrópoles europeias. Aqui, em *O quieto animal da esquina*, temos imagem semelhante: a da cidade, Porto Alegre, como um texto ilegível.

A diferença é que o narrador de Poe *precisa* entender. É um leitor racional por excelência, para quem o enigma é um prazer apenas se desvendado. Sem solução, transforma-se em terror.

Para o narrador de Noll, nessa como em outras obras do autor, nenhum mistério vale tanto esforço. Cidade, campo, morte, pessoas, manifestações políticas, amor são palavras de um texto que não seduz. Apenas a poesia parece oferecer algum prazer, ou algum alívio, desde que não se pense sobre ela.

Diante do enigma, este leitor prefere a placidez de um lago, suas margens simples, sua água parada. Nadar nesse lago, afundar-se nele, só mesmo sabendo que, na margem, com um sorriso no rosto e o braço estendido, o *pai* espera com roupas secas:

> levei de novo a cabeça para dentro da água, pensei em contar mais uma vez os segundos que eu aguentava, mas eu disse não, eu vou até lá, pego aquela roupa, o dia vai ser quente, depois vejo o que fazer, e aí vim à tona, dei duas ou três braçadas, depois comecei a caminhar sobre o fundo gelatinoso do lago, de repente já pisava no cascalho das margens, era preciso aceitar aquelas roupas que Kurt me oferecia na mão trêmula, e quando cheguei perto me veio uma coisa, como se um veneno e eu dei um berro, arranquei a camisa molhada do meu corpo de um só golpe, rasguei, os botões voaram, num ímpeto baixei a calça e a cueca, sacudi desembestado a perna para que a calça se desvencilhasse de mim, e agora eu vestiria a roupa seca que Kurt me dava, e depois eu iria para a cama, me sossegar, dormir quem sabe, sonhar. (p. 80)

O leitor e o signo

Augusto anda pelas ruas lendo a cidade, em "A arte de andar nas ruas do Rio de Janeiro". Anda pelas ruas do centro porque é no centro do Rio que as feições da cidade estão mais expostas e podemos ver não apenas as marcas do grotesco, das neuroses urbanas, das manipulações religiosas, da violência, da miséria, mas outras.

No centro também se mostram os retratos das misturas de raças, sotaques, ofícios, convivendo com os do humor, da boemia, da música, do cinema, do teatro, das histórias e poemas guardados nos sebos ou na Biblioteca Nacional, juntamente com outros signos do sonho: as casas lotéricas, os pontos de bicho, as cartomantes.

E ainda o signo do imprevisível, por paradoxal que possa parecer, como um signo flutuante, uma espécie de sensação apenas: o fato de saber que de cada esquina ou do meio do povo pode surgir o insólito, o inesperado. Esta sensação é em si mesma um signo, é através dela que sabemos estar no centro do Rio de Janeiro e não em outro lugar.

A própria configuração geográfica do centro aponta para o mistério, para o que não pode ser completamente decifrado, o que não se pode prever:

> O Rio é uma cidade muito grande, guardada por morros, de cima dos quais pode-se abarcá-la, por partes, com o olhar, mas o centro é mais diversificado e obscuro e antigo, o centro não tem um morro verdadeiro, como ocorre com o centro das coisas em geral, que ou é plano ou é raso, o centro da cidade tem apenas uma pequena colina, indevidamente chamada de morro da Saúde, e para se ver o centro de cima, e assim mesmo mal e parcialmente, é preciso ir ao morro de Santa Teresa, mas esse morro não fica em cima da

cidade, fica meio de lado, e dele não dá pra se ter a menor ideia de como é o centro. (p. 16)

Mas há também o signo do tempo, da passagem do tempo. Augusto lê nas fachadas, nos telhados, letreiros luminosos, edifícios, nas paredes das igrejas, episódios da história de sua infância, quando morava com o pai num sobrado do centro, transformado depois numa loja de eletrodomésticos. E lê também a história da cidade, do centro da cidade virando reduto comercial, as famílias abandonando os sobrados para ocuparem os bairros, sobretudo a zona sul, e os resquícios dessa mudança escritos na mistura arquitetônica das ruas.

É como se cada pedra de rua, cada placa de esquina, cada praça fosse um calendário que ele devesse consultar em sua leitura, para orientar-se ou para se perder de vez porque os próprios calendários mudam de lugar e de forma no correr das horas, na passagem do dia para a noite: os letreiros das lojas dando lugar aos luminosos dos bares, hotéis, boates, algumas praças ficando desertas, outras começando a festa, as ruas ficando vazias para que o movimento comece nos becos, significando que é noite e que as ruas agora já não são as mesmas.

Então o relógio passa a ser outro. A leitura se dá de outra maneira porque os signos do tempo não são fixos, vivem sua metamorfose infinita na mudança das horas, na própria passagem do tempo.

O centro da cidade é também o espaço onde se cruzam com frequência a lucidez e a loucura. É o lugar dos grandes oradores de caixote, que a qualquer hora do dia fazem seus discursos solenes nas calçadas ou trepados nas estátuas da Cinelândia, lugar dos mendigos que criam cachorros e lhes ensinam filosofia. É o lugar onde proliferam personagens como o pastor Raimundo, do cinema-templo que Augusto frequentava para aprender a música que as mulheres cantavam, uma mistura de rock e samba-enredo: "Vai embora, vai embora, Satanás, meu corpo não é teu, minha alma não é tua, Jesus te passou pra trás." (p. 13)

Raimundo, que antes de se entregar a Cristo era camelô, é um pastor que, atormentado por uma diabólica obsessão, corre a pedir ajuda ao bispo. Raimundo também é um leitor e, ao seu modo, busca ler as marcas do demoníaco que julga observar em Augusto: óculos escuros, sem uma orelha (uma prostituta a arrancou com os dentes), prefere sempre ficar nas últimas fileiras de poltronas e, no segundo dia em que apareceu no templo, em volta dele se fez uma aura amarela.

Uma das passagens em que Augusto se revela como leitor, mais especificamente um leitor dos signos *lucidez* e *loucura*, é o episódio do conto em que ele passeia pelo Campo de Santana e senta-se num banco, ao lado de um desconhecido:

> Augusto está sentado num banco, ao lado de um homem que usa um relógio digital japonês num dos pulsos e uma pulseira terapêutica de metal no outro. Aos pés do homem está deitado um cão grande, a quem o homem dirige suas palavras, com gestos comedidos, parecendo um professor de filosofia a dialogar com seus alunos numa sala de aula, ou um tutor dando explicações a um discípulo desatento, pois o cachorro não parece prestar muita atenção ao que o homem lhe diz e apenas rosna, olhando em torno com a língua pra fora. Se fosse maluco o homem não usaria relógio, mas um sujeito que ouve respostas de um cão que rosna com a língua de fora, e a elas retruca, tem que ser maluco, mas um maluco não usa relógio, a primeira coisa que ele, Augusto, faria se ficasse maluco seria livrar-se do Casio Melody; e tem certeza de que ainda não está maluco porque, além do relógio que carrega no pulso, tem ainda no bolso uma caneta-tinteiro. Esse homem, sentado ao lado de Augusto, magro, cabelos penteados, a barba raspada, mas com

fios pontudos aparecendo agrupados debaixo da orelha e outros saindo do nariz, de sandálias, calças jeans maiores que suas pernas, com as bainhas dobradas de tamanho diferente, esse maluco é talvez apenas meio maluco porque parece ter descoberto que um cachorro pode ser um bom psicanalista, além de mais barato e mais bonito. O cachorro é alto, de mandíbulas fortes, peito musculoso, olhar melancólico. É evidente que, além do cachorro – as conversas são, cumulativamente, sinal de loucura e de inteligência –, a sanidade, ou o ecletismo mental do homem, pode também ser comprovada pelo relógio. (pp. 25-26)

A sanidade do homem é comprovada pelo relógio, é *significada* pelo relógio. Ler o relógio como representação da lucidez é uma prática comum. Mas a essa leitura, digamos, normal, Augusto associa outra: a de que falar com um cachorro também pode ser mostra de inteligência.

Nos contos e romances de Rubem Fonseca percebemos a relativização dos limites entre lucidez e loucura, que toma forma, aqui, no modo como Augusto lê, no homem que encontra na rua, signos como caneta-tinteiro, relógio, conversas com cachorro. Ao definir o homem como meio maluco, Augusto não cai na formulação simplista, na pergunta previsível: mas afinal, ele é maluco ou não? O próprio Augusto, aliás, pode ser lido como um meio maluco, já que, apesar de usar caneta-tinteiro, "e os malucos detestam caneta-tinteiro", cria ratos em casa, o que não é exatamente um signo de lucidez, pelo menos não aparentemente.

Definir o homem como meio maluco equivale a dizer que ele é meio lúcido. Ao seguir por esse caminho *entre*, evitando afirmações absolutas, Augusto lê os signos da lucidez e da loucura como intercambiáveis, variando conforme a situação, o contexto em que se encontram e, fundamental, o lugar de onde são lidos.

Dos signos que Augusto lê, há também os que *pedem* para ser lidos. E não apenas pedem que alguém os leia mas impõem ao leitor a leitura que querem que se faça deles. Como afirma o narrador: "a partir do momento em que o pastor Raimundo coloca à frente da tela do cinema uma vela, na verdade uma lâmpada elétrica num pedestal que imita um lírio, o local torna-se um templo consagrado a Jesus." (p. 13)

O pastor cria um signo: o lírio representando, aqui, a purificação do profano. E não admite que se o leia de outra forma que não a intencionada por ele.

E há também aqueles que se convertem eles próprios – o próprio corpo – em signos, como as prostitutas, por exemplo, ou como os mendigos liderados por Zumbi do Jogo da Bola, reunidos na UDD (União dos Desabrigados e Descamisados), que advertem Augusto:

> Queremos ser vistos, queremos que olhem a nossa feiura, nossa sujeira, que sintam o nosso bodum em toda parte; que nos observem fazendo a nossa comida, dormindo, fodendo, cagando nos lugares bonitos onde os bacanas passeiam ou moram. Dei ordem para os homens não fazerem a barba, para os homens e mulheres e crianças não tomarem banho nos chafarizes, nos chafarizes a gente mija e caga, temos que feder e enojar como um monte de lixo no meio da rua. (p. 46)

Leitor atento, Augusto sabe que o centro da cidade é uma vitrine, onde os signos se mostram, são mostrados ou simplesmente estão ali, para quem quiser ler. Caminhando pelas ruas, ele vai montando sua leitura e sua história, exercendo sua arte (de andar e ver) sem nenhum espectador.

O leitor e o sonho

O conto "Pierre Menard, autor do Quixote" é uma espécie de nota, de breve comentário feito por um amigo de Menard tentando justificar perante o público leitor o suposto disparate de querer, em pleno século XX, não retomar mas *ser* novamente Cervantes e de novo compor, *ipsis litteris*, sua obra mais conhecida. A certa altura do conto, depois de nos apresentar os métodos criados por Menard para alcançar a execução de seu inusitado projeto, o narrador nos mostra um trecho do trabalho:

> Constitui uma revelação cotejar o 'Dom Quixote' de Menard com o de Cervantes. Este, por exemplo, escreveu ('D. Quixote', primeira parte, nono capítulo):
>
> ... *a verdade, cuja mãe é a história, êmula do tempo, depósito das ações, testemunha do passado, exemplo e aviso do presente, advertência do futuro.*
>
> Redigida no século dezessete, redigida pelo 'engenho leigo' Cervantes, essa enumeração é um mero elogio retórico da história. Menard, em compensação, escreve:
>
> ... *a verdade, cuja mãe é a história, êmula do tempo, depósito das ações, testemunha do passado, exemplo e aviso do presente, advertência do futuro.*
>
> A história, mãe da verdade; a ideia é espantosa. Menard, contemporâneo de William James, não define a história como uma indagação da realidade, mas como sua origem. A verdade histórica, para ele, não é o que sucedeu; é o que pensamos que sucedeu. As cláusulas finais exemplo e aviso do presente, advertência do futuro – são descaradamente pragmáticas. (pp. 36-37)

Esse trecho exemplifica com precisão a ideia de que não há leitura desvinculada do contexto histórico. Todo leitor tem seus olhos voltados para o texto mas simultaneamente olha também para o tempo que o cerca, para sua época e para sua formação – intelectual, existencial, afetiva – enquanto indivíduo participante e criador de uma cultura localizada historicamente. Não é à toa, aliás, que a passagem citada trata justamente do tema *história*.

As frases de Menard adquirem um sentido diferente das de Cervantes apenas porque o narrador do conto as interpreta sob a ótica de um leitor moderno, do século XX, ele sim contemporâneo de William James.

Graficamente, no papel, as duas afirmações são idênticas. O que as distingue, no entanto, é que foram escritas com três séculos de diferença e, principalmente, foram *lidas* com três séculos de diferença. O narrador lê o segundo trecho, atribuído a Menard, como um leitor do século XX mas, astutamente, lê o primeiro, de Cervantes, como um leitor do século XVII. Entre uma leitura e outra, o tempo.

O narrador do conto, quando escreve, na sua nota em defesa do amigo supostamente injustiçado pela crítica da época, que há uma diferença sensível entre o texto de Menard e o de Quixote, está na verdade criando, pela leitura, a diferença. Ele afirma: "Menard, contemporâneo de William James, não define a história como uma indagação da realidade, mas como sua origem."
(pp. 36-37)

O narrador sabe que também ele, quando lê, não busca entender o que *é* o real, mas ver como *será*, depois da leitura. Também ele é um criador de realidades. É ele que, pelas peripécias da leitura, cria a diferença onde nada se diferencia.

Pierre Menard busca escrever de novo o *Quixote* e para isso inventa os métodos mais fascinantes possíveis, de preferência os mais difíceis. A simplicidade – que ele não percebe, ou não quer perceber, ou finge não perceber – está no fato de que sua aventura é uma aventura possível: basta que haja, em algum lugar, em alguma época, um leitor capaz de ver diferença entre o seu *Quixote* e o de Cervantes. Basta que um leitor acredite na aventura de Menard para que ela seja real.

O narrador acreditou, quem sabe mais sonhador do que Menard, mais sonhador do que o próprio Quixote. Jogando o jogo do tempo, fez parecer legítimo o que parecia fora da lei, feito um cúmplice, e escreveu sua nota, intitulada "Pierre Menard, autor do Quixote", talvez para que alguém acreditasse nele como ele acreditou em Menard, quem sabe buscando conquistar mais um membro para a legião.

O leitor estrangeiro

O narrador anônimo do romance O *quieto animal da esquina* é um leitor que não consegue ler, entre outras coisas, a passagem do tempo.

Lançado à estranheza do mundo, sem perceber onde se situa e qual o papel que representa em todo o teatro do dia a dia que é obrigado a representar se quiser continuar vivo, envelhece sem se dar conta.

Aos dezenove anos é preso por ter engravidado sua vizinha, menor de idade, e libertado da prisão por um casal de alemães, Kurt e Gerda, que o adota como filho. O que lhe acontece depois é para ele um verdadeiro mistério e na sua cabeça parece que nada daquilo está mesmo acontecendo, que permanece ainda com dezenove anos e seus poemas, suas tonturas de sempre.

É com espanto que percebe, muitos anos depois de ter visto Kurt pela primeira vez, que o pai adotivo envelheceu. Estão os dois numa sauna e o narrador descreve assim sua surpresa diante do rosto do outro:

> Cheguei perto, e abanei a mão em frente ao meu rosto, como querendo abrir uma clareira entre o vapor: é que Kurt envelhecera mais, agora eu enxergava bem. Como?, me indaguei, e sacudi a cabeça sem entender aquela estranha dose de envelhecimento. Desde quando, hein? (p. 46)

A partir desse momento o narrador começa a se dar conta de que não sabe lidar com o tempo, de que não percebe como os outros a sucessão dos acontecimentos, como se vivesse num mundo suspenso sobre os relógios, paralelo.

A palavra *memória* começa então a aparecer com frequência em sua narrativa, significando algo difuso, transparente, como um vapor que se coloca entre ele e as coisas, forçando-o a abrir uma clareira diante do rosto se quiser se ver no espelho.

Perguntas e expressões do tipo "E quanto tempo se passou?" ou "Então transcorreu mesmo um bom tempo" mostram que só então ele passa a entender que não é mais o garoto desempregado, depois preso, e finalmente salvo por Kurt e Gerda:

> Um período tinha se passado desde o dia em que Kurt me trouxera para junto dele, e agora não havia mais dúvida, este período tinha sido maior do que eu chegara a supor.
> E me perguntei, uma onda de arrepio passando pelo couro cabeludo: por que o meu atraso diante desta duração? (p. 52)

Sua forma de ler o tempo demonstra que o narrador é, antes de mais nada, um estrangeiro. Estrangeiro menos no lugar que no momento, lembrando Caetano Veloso.

No centro de uma cidade grande, Porto Alegre, entre gente que corre, trabalha, produz e consome dinheiro, constrói, destrói casas e ruas, ele perambulava, andava a esmo, parava numa fila de candidatos a emprego e de repente escrevia um poema, via um filme pornô no cinema Vitória, lia sobre a vida de poetas na Biblioteca Pública.

Mais tarde, morando na fazenda com os alemães, passa os dias num estado de puro ócio, quebrado apenas pela escrita de um ou outro poema súbito. Nada lhe cobram:

> Aquele poema, escrito naquela folha, se eu saísse de perto ele continuaria ali, e pensei que me davam bem pouco para fazer fora dos poemas, e que até aquela data eu não conseguira esclarecer praticamente nada da minha nova situação – naquela casa enorme, rodeada de campo. (p. 34)

Em *O quieto animal da esquina*, o que seria dádiva acaba se transformando em pesadelo. O tempo livre traz não a paz, a calma ou a oportunidade de dedicar-se com prazer a alguma tarefa, sem maiores pressões. Ao contrário, aqui o ócio vem acompanhado da angústia, do mal-estar, do sentimento de estar perdido no mundo. O tempo lhe é ofertado como um presente de grego, estendido generosamente a seus pés talvez apenas para prolongar seu sofrimento.

Como acontece com outros personagens de Noll, este parece se defrontar sempre com a frase: falta-me algo. Um algo indefinido, impronunciável – talvez sua narração seja a tentativa, vã, de pronunciá-lo –, que o cerca por todos os lados como uma realidade viva e invisível.

E mais: não sabendo definir o que o aflige, não tendo uma ideia clara do que é sua própria experiência, depara-se ainda com a inexistência de um interlocutor, de alguém que realmente possa ouvir o que ele porventura consiga dizer.

O que lhe falta, então: uma palavra, sua, e um leitor.

Seu repertório, sua *bagagem*, não passa de um desenho confuso, um borrão de tinta, onde distingue momentos de miséria, violência, frustrações, mas nada muito nítido. No entanto, é munido apenas de seu próprio passado que ele pode ler. Sua leitura será a angústia, a ausência, como se no texto faltassem linhas e essa falta impossibilitasse o entendimento.

Acuado por um texto que não entende e parece querer devorá-lo, o personagem de Noll busca uma saída na escrita. Escrever seus poemas, e através deles sua própria história, é quem sabe uma forma de tentar ler esse texto com que se depara todos os dias.

Mas é uma tentativa inútil porque sua escrita, tanto quanto sua leitura, é pura falta. Ele é todo falta. Faltam-lhe parâmetros mais seguros para ler a passagem de tempo, para perceber que as coisas mudam e as pessoas envelhecem. Falta-lhe uma memória, suas experiências passadas não são contáveis, e por isso, aos poucos, vão se diluindo até se transformarem apenas num mapa caótico que não leva a lugar nenhum. Falta-lhe um interlocutor, alguém que saiba lê-lo.

Sua escrita e sua leitura não lhe esclarecem nada. Apenas ecoam, voltada cada uma sobre si mesma, como uma pedra jogada no lago, ou como, no silêncio da madrugada, um grito numa esquina deserta.

4

O leitor e o enigma

O conto "O homem da multidão" começa da seguinte forma:

> Foi muito bem dito, a respeito de um certo livro alemão, que 'es lasst sich nicht lesen' – ele não se deixa ler. Há certos segredos que não se deixam contar. Homens morrem toda noite em suas camas, torcendo as mãos de fantasmagóricos confessores e fitando-os lamentosamente nos olhos – morrem com desespero no coração e convulsões na garganta, por causa do horror de mistérios que não aceitam ser revelados. (p. 9)

Um leitor acostumado com os contos de Poe certamente aguarda, após a breve introdução, a narrativa de um crime espetacular, indecifrável para a maioria dos homens, e, ao final da história, explicado brilhantemente pela inteligência e perspicácia incomuns de Auguste Dupin. O que se segue, porém, não é nada disso. No lugar de Dupin, temos um homem que passa a tarde a observar o movimento da cidade pela vidraça de um café londrino e que de uma hora para outra decide seguir os passos de um velho que o intriga.

Suas peripécias na caminhada atrás do outro pelas ruas de Londres, dia e noite, são narradas com minúcia: desfilam diante de nós os tipos, a arquitetura, os hábitos, num quadro preciso que o narrador vai traçando com habilidade, construindo à nossa frente o perfil de uma cidade enigmática, em puro estado de ebulição. Todo o esforço do homem resulta inútil. Por mais aguçada que seja sua capacidade de observação, por mais informações que ele tenha sobre os signos que compõem a cidade, e sobre os labirintos por onde transita um homem no meio da multidão, o velho permanece *ilegível*. O narrador não entende por que motivo aquele homem anda tanto, e a esmo, sem cansaço e sem objetivo, uma máquina de caminhar cujo modo de funcionamento lhe escapa, justo a ele, um leitor inteligente, astucioso, senhor de seu ofício. À primeira vista, o velho é como o livro citado no início: não se deixa ler. Mas haveria de fato um livro assim, fechado a sete chaves? Ou, ao contrário, a afirmação seria uma artimanha, um pequeno truque retórico que de certa forma justifica o fracasso da leitura? Não conseguindo ler o velho, o narrador o considera ilegível.

O narrador de Poe é a personificação do espírito cientificista da época, do amor à observação minuciosa e racional dos fatos, da atração irresistível pela descoberta, é o homem que detecta. Aliás, como lembra Izidoro Blikstein, detectar vem da raiz grega *tec*: cobrir, daí detectar: descobrir, e daí também detetive, que nos veio do inglês *detective*, aquele que des-cobre.[17]

Munido de seu rigor científico, este leitor se debruça sobre um texto enigmático e não consegue lançar sobre ele nenhuma luz, não consegue descobri-lo. O homem comete um erro estratégico: não percebe que deve mudar seu instrumental de leitura, que deve ler com olhos novos, porque está diante de um texto novo. Sua presunção faz com que ele seja, aqui, um leitor equivocado.

---

[17] Ver: BLIKSTEIN, Isidoro. "Semiótica: uma ciência de... detetives", in: *Revista USP*, 16: Dossiê palavra/imagem. São Paulo: USP, dez/jan/fev 92-93.

Diante disso, ele lança mão de um recurso, realiza uma performance intelectual em grande estilo: se eu, o leitor perfeito, não posso ler esse texto, trata-se de um texto ilegível. E assim me salvo. Nesse sentido, o final do conto é esclarecedor:

> E, como se aproximassem as sombras da segunda noite, fui ficando mortalmente cansado e, parando bem em frente ao andarilho, o encarei resolutamente. Ele não reparou em mim, e retomou sua caminhada solene, enquanto eu, deixando de segui-lo, fiquei absorto em contemplação. 'Este velho', eu disse afinal, 'é o modelo e o gênio do crime profundo. Ele se nega a ficar sozinho. Ele é o homem da multidão. Vai ser inútil segui-lo; pois não vou aprender mais nada, nem com ele, nem com seus atos. O pior coração do mundo é um livro mais repulsivo que o 'Hortulus Animae', e talvez seja uma das grandes misericórdias de Deus que 'es lasst sich nicht lesen'. (p. 51)

Na impossibilidade de ler o texto, o leitor encontra uma espécie de consolo: o segredo do texto talvez seja tão terrível que é melhor que ele seja mesmo assim, ilegível. Não há mais nada que aprender ali, melhor deixar o velho e seu enigma perigoso.

Poe nos oferece, em seu conto, um curioso confronto: o de um texto *que não se deixa ler* com um leitor *que não sabe ler* o texto. Disso que poderia ser o absoluto vazio, desse verdadeiro desencontro, a genialidade de Poe constrói uma narrativa traiçoeira, feito uma cidade de grandes avenidas cortadas por pequenas ruas, e becos, uma geografia-limite, onde razão e mistério jogam o arriscado jogo.

O leitor e a memória

O pacato Guy Montag, bombeiro, adorava seu trabalho. "Queimar era um prazer", dizia, certo de que desempenhava sua parte no processo de manutenção de uma comunidade evoluída, democrática, ordeira. Num mundo onde os livros eram proibidos, a função dos bombeiros estava bastante clara – descobrir as pessoas que guardavam livros em casa e depois queimá-los: livros, casa e, se necessário, pessoas também.

Uma noite, atendendo a uma denúncia anônima, Montag se depara com uma velha senhora que se recusa a abandonar a casa, preferindo morrer queimada com seus livros. Os bombeiros iniciam o incêndio e, durante a operação, um livro cai nas mãos de Montag. Ele não tem tempo de ler mais que uma linha, mas aquilo que lê fica tão marcado nele que é o suficiente para que o bombeiro, num gesto suicida, esconda o livro sob a jaqueta.

A partir daí, tudo muda. Vários episódios estranhos e arriscados irão cruzar sua vida, antes tão tranquila. A mulher o abandona e o denuncia à polícia, é perseguido por noites a fio através de caminhos que nunca imaginou existirem, conhece um velho que o ajuda, e por fim vai parar num lugar quase deserto, às margens do rio e próximo à linha de trem, onde encontra, para sua salvação, um pequeno grupo que o acolhe.

Trata-se de uma comunidade de leitores. A partir daí, o romance de Ray Bradbury, *Farenheit 451*, caminha para seu desfecho. Montag, ex-bombeiro a essa altura, reúne-se ao grupo e é informado de que, apesar de serem todos leitores apaixonados – e por isso estão sempre fugindo de caçadores profissionais, mudando sempre de esconderijo –, não possuem sequer um livro. Ao contrário, eles próprios queimam os livros que leem:

Lemos os livros e os queimamos, para que não possam ser encontrados. Microfilmá-los não valeu a pena. Estávamos sempre viajando, não queríamos enterrar os filmes e voltar mais tarde. Sempre há a possibilidade de serem descobertos. (p. 158)

Não podendo possuir seu livro, cada indivíduo do grupo se responsabiliza por um romance, ou um tratado de filosofia, ou mesmo por toda a obra de um historiador. Memorizam:

— Quero apresentá-lo a Jonathan Swift, o autor daquele contundente livro político, *Viagens de Gulliver!* E este outro aqui é Charles Darwin, este é Schopenhauer, este é Einstein e este nosso camarada aqui a meu lado é Albert Schwitzer, um filósofo realmente dos mais amáveis. E aqui estamos todos, Montag. Aristófanes, Gandhi, Buda, Confúcio e Thomas Love Peacock, Thomas Jefferson e Lincoln. Somos também Mateus, Marcos, Lucas e João. (p. 158)

Mais adiante, o mesmo personagem que diz isso, Granger, dirá: "O melhor é guardar os livros na cabeça, onde ninguém pode vê-los ou suspeitar deles. Todos nós somos pedaços da história, da literatura e do direito internacional." (p. 158)

Granger, aliás, é também conhecido como *A República*, de Platão, e explica a Montag que todos temos memórias fotográficas mas passamos a vida inteira aprendendo a bloquear nossas lembranças. O grupo de marginais liderados por Granger, no entanto, desenvolveu uma técnica que lhes permite fazer da memória o único instrumento de sobrevivência. Eles sabem lembrar, e por isso continuam vivos. "Por fora, vagabundos; por dentro, bibliotecas" — assim se autodefinem esses leitores, para quem livro e corpo se confundem num mundo onde a ordem é queimar memórias.

Com sofrimento, com vergonha, com medo, e também, pela primeira vez na vida, com a sensação de liberdade, Montag descobre que ler é lembrar.

O leitor vidente

"Foi de incerta feita – o evento. Quem pode esperar coisa tão sem pé nem cabeça? Eu estava em casa, o arraial sendo de todo tranquilo. Parou-me à porta o tropel. Cheguei à janela." (p. 8)

O conto "Famigerado", de Guimarães Rosa, começa com o parágrafo acima. O narrador, médico de um povoado, homem de vida pacata, depara-se um belo dia com a chegada de quatro cavaleiros.

Não faz a menor ideia do motivo daquela inesperada visita, e de imediato se põe a juntar os poucos fios do que vê tentando montar para si mesmo uma possibilidade de resposta. Sua primeira leitura é a do rosto do homem que parece ser o líder: "O cavaleiro esse-o oh-homem-oh-com cara de nenhum amigo. Sei o que é influência de fisionomia. Saíra e viera, aquele homem, para morrer em guerra." (p. 8)

Antes de falar qualquer coisa com os homens, vai observando detalhes. Percebe o ar constrangido dos outros três, como se estivessem ali coagidos pelo principal, o chefe, como se fossem não seus capangas mas seus prisioneiros. Repara na forma como o chefe dá ordem aos demais: sem palavras, num gesto meio de desprezo, atestando sua autoridade silenciosa.

Tudo anotando em sua leitura, o médico se dá conta da posição estratégica ocupada pelo cavaleiro e seus acompanhantes. Sendo a casa recuada da rua alguns metros, e dos lados avançando a cerca, os homens se colocaram à frente, formando uma espécie de barreira, encantoando o médico e impedindo qualquer fuga para a rua.

Receoso, ainda sem dizer palavra, ele se localiza: "Tudo enxergara, tomando ganho da topografia." (p. 8)

Sente que é preciso não dar mostras de medo. Convida o cavaleiro a desmontar:

Disse de não, conquanto os costumes. Conservava-se de chapéu. Via-se que passara a descansar na sela – decerto relaxava o corpo para dar-se mais à ingente tarefa de pensar. Perguntei: respondeu-me que não estava doente, nem vindo à receita ou consulta. Sua voz se espaçava, querendo-se calma; a fala de gente de mais longe, talvez são-franciscano. Sei desse tipo de valentão que nada alardeia, sem farroma. Mas avessado, estranhão, perverso brusco, podendo desfechar com algo, de repente, por um és não és. Muito de macio, mentalmente, comecei a me organizar. (p. 9)

Não era um diálogo fácil, a "conversa era para teias de aranha.".

O médico põe-se a fazer suposições, a estudar entonações e silêncios, afiando o olhar, atento a cada detalhe da cena que se desenrola diante de sua janela e de que ele faz parte, a contragosto. Até que o visitante finalmente se apresenta: Damásio.

O médico estremece. Damásio é um matador, homem perigosíssimo, conhecido em toda a região pelo número de suas mortes. Diziam que, pela idade avançada, ele já não era mais tão ativo assim, mas nunca se sabe. Damásio, dos Siqueiras, bem ali, "antenasal".

Damásio por fim começa sua história, dizendo que um moço do Governo, "rapaz meio estrondoso", do qual não gostou nada, aparecera por aquelas bandas. Desentenderam-se e o moço o chamara de *famigerado*.

O matador, no entanto, não sabia o significado da palavra e viajou seis léguas procurando uma pessoa confiável, um doutor que pudesse lhe explicar o sentido de famigerado: "– 'Vosmecê agora me faça a boa obra de querer me ensinar o que é mesmo que é: **fasmigerado... faz-me gerado... falmisgeraldo... familhasgerado?**'" (p. 10)

A pergunta saiu seca, entre dentes, e rude. Pela cabeça do outro passou a hipótese de alguma intriga: alguém atribuíra a ele a

palavra de ofensa, e o matador viera tomar satisfação, acompanhado de seus três capangas.
Damásio repete a pergunta, cada vez mais furioso. O médico ganha tempo. Observa mais um pouco, olha para os três cavaleiros, interrogativo. Damásio o tranquiliza dizendo que são de paz, estando ali apenas como testemunhas da resposta à pergunta que ele fizera.
O homem pensa, hesita. Dizer o que significa famigerado, no sentido usual do termo, dizer o que certamente o moço do Governo quis dizer: malfeitor, fora da lei, marginal, bandido, resultaria em quê? Certamente Damásio descarregaria nele a raiva que sentira pelo moço. Ainda mais na presença de testemunhas. Alguém pagaria pela ofensa, e seria ele, provavelmente.
Ou apelar para o outro sentido, dicionarizado e fora de uso, sentido primário da palavra?

> Só tinha de desentalar-me. O homem queria estrito o caroço: o veribérbio.
> — **Famigerado** é inóxio, é 'célebre', 'notório', 'notável'...
> — 'Vosmecê mal não veja em minha grossaria no não entender. Mais me diga: é desaforado? É caçoável? É de arrenegar? Farsância? Nome de ofensa?'
> — Vilta nenhuma, nenhum doesto. São expressões neutras, de outros usos...
> — 'Pois... e o que é que é, em fala de pobre, linguagem de em dia de semana?'
> — *Famigerado?* Bem. É: 'importante', que merece louvor, respeito...
> — 'Vosmecê agarante, pra a paz das mães, mão na Escritura?' (p. 11)

Percebendo que agira com eficiência, que lera bem toda a situação e encontrara a saída correta, firma posição:

Se certo! Era para se empenhar a barba. Do que o diabo, então eu sincero disse:

— Olhe: eu, como o Sr. me vê, com vantagens, hum, o que eu queria uma hora destas era ser famigerado — bem famigerado, o mais que pudesse!...

— 'Ah, bem!...' — soltou, exultante. (p. 11)

A partir daí Damásio muda a fisionomia. Dispensa os compadres, sorri, aceita o copo d'água e até promete, da próxima vez, entrar na casa. Espora o alazão e vai, aliviado. Antes, porém, conclui: "— 'Não há nada como as grandezas machas duma pessoa instruída!'" (p. 12)

Damásio é um leitor que busca um texto que não o agrida, que não o abale de uma forma ou de outra, um texto que o conforte. Busca a palavra do médico como se consultasse um oráculo — o médico sendo o dono do invisível, daquilo que não se sabe —, esperando ouvir não proféticas maldições mas alguma revelação salvadora.

No ensaio "Alguns aspectos do conto", Cortázar dizia, citando um escritor apaixonado por boxe, que o ato de leitura é uma luta entre texto e leitor. Para ser bom, o texto não deve confortar mas inquietar, tirar o leitor de sua quietude, fazê-lo sair do ritmo cotidiano. E tinha, ainda utilizando a imagem do boxe, uma maneira de diferenciar conto e romance: no romance, o texto deve vencer a luta por pontos. No conto, só por nocaute.

Vencer a luta, claro, não significa mandar para a lona o leitor, mas dar-lhe a oportunidade de sentir-se vivo, atuante, atento às artimanhas do texto, fazê-lo se interessar pelo desafio, encarar o jogo.

Damásio é exatamente o oposto do leitor pretendido por Cortázar. Ao texto inquietante, que possa privá-lo de suas condições confortáveis, prefere o texto que as mantenha, que não abale nenhuma estrutura.

O médico, por sua vez, tira proveito disso. Mais do que um conhecedor do vernáculo, o narrador do conto de Guimarães Rosa se apresenta como um bom leitor de imagens. Sua formação intelectual lhe dá acesso aos diferentes significados da palavra que tanto incomoda Damásio, mas consegue se livrar do perigo principalmente porque, antes de revelar o mistério, foi astuto o suficiente para visualizar toda a situação e optar pela melhor saída. Soube ver.

O leitor estrangeiro

No conto "A arte de andar nas ruas do Rio de Janeiro", Augusto Epifânio caminha durante o dia e a noite buscando material para escrever um livro intitulado justamente *A arte de andar nas ruas do Rio de Janeiro*.

Além de andarilho e escritor, Augusto tem outra atividade: ensinar as prostitutas a ler. Instalado num sobrado em cima de uma antiga chapelaria, Augusto mantém aberto sobre a mesa o caderno onde escreve o que viu durante suas caminhadas, e apenas o retira dali quando chega em casa com uma nova aluna e na mesa espalha os jornais do dia, de onde extrai sempre as lições (depois de alimentar seus ratos de estimação):

> São onze horas da noite e ele está na Rua Treze de Maio. Além de andar ele ensina as prostitutas a ler e a falar de maneira correta. A televisão e a música pop tinham corrompido o vocabulário dos cidadãos, das prostitutas principalmente. É um problema que tem de ser resolvido. Ele tem consciência de que ensinar prostitutas a ler e a falar corretamente em seu sobrado em cima da chapelaria pode ser, para elas, uma forma de tortura. Assim, oferece-lhes dinheiro para ouvirem suas lições, pouco dinheiro, bem menos do que a quantia usual que um cliente paga. (p. 19)

Ensinar prostitutas a ler é a tentativa de resolver um problema, como diz o narrador, e a maneira como se encaminha a narrativa nos leva a pensar que o problema é um pouco mais complexo do que o citado: a influência nefasta da televisão e da música pop sobre o vocabulário das prostitutas.

Augusto precisa de leitores. Ele escreve um livro e quer que alguém o leia, mas o leitor do livro não pode ser um leitor qualquer. Ele precisa de um leitor que o entenda, que tenha visto pelas ruas não o mesmo que ele viu mas algo que soe, a este leitor, familiar. Ele busca um leitor que saiba reconhecer nas palavras a memória das imagens vistas na rua:

> Ele pretende evitar que seu livro seja uma espécie de guia de turismo para viajantes em busca do exótico, do prazer, do místico, do horror, do crime e da miséria, como é do interesse de muitos cidadãos de recursos, estrangeiros principalmente; seu livro também não será um desses ridículos manuais que associam o andar à saúde, ao bem-estar físico e às noções de higiene. Também toma cautela para que o livro não se torne um pretexto, à maneira de Macedo, para arrolar descrições históricas sobre potentados e instituicões, ainda que, tal como o romancista das donzelas, ele às vezes se entregue a divagações prolixas. Nem será um guia arquitetônico do Rio antigo ou compêndio de arquitetura urbana; Augusto quer encontrar uma arte e uma filosofia peripatéticas que o ajudem a estabelecer uma melhor comunhão com a cidade. Solvitur ambulando. (pp. 18-19)

O que Augusto procura, portanto, não é o leitor de best-sellers. Tampouco um leitor mais sofisticado. O leitor que ele busca é aquele que possa *significar* a cidade, que possa ser um signo da cidade. Se as palavras que escreve forem compreendidas por tal leitor, se este puder reconhecer, nas palavras, o perfil das ruas, dos lugares, das pessoas, então Augusto terá conseguido finalmente estabelecer a comunhão com a cidade.

Antes disso, ele é um estrangeiro. Ler a cidade representa, para ele, escrever a cidade e depois fazê-la ver-se no livro escrito. Para tanto, é preciso encontrar aquele que fale sua língua, que saiba ler como ele. Procura um par, uma parceria de leitura.

O leitor procurado não existe ainda. A aventura de Augusto pelas ruas do Rio de Janeiro é a aventura de construir este leitor, não a de encontrá-lo apenas. A arte de andar nas ruas é a arte de conhecer a cidade, entrar em comunhão, a arte de ir aos poucos conhecendo suas cores, suas curvas, seu humor, de conviver com seus moradores, para depois escrever sobre ela, ou melhor: escrever *com* ela uma história chamada *A arte de andar nas ruas do Rio de Janeiro*. Mas é também a arte de preparar aqueles que vão recebê-la de volta, agora retratada em palavras.

Augusto lê e escreve a cidade, e nela as prostitutas. Mas também ensina a cidade a ler, faz com que a cidade – significada pelas prostitutas – possa se reconhecer no desenho que ele, Augusto, faz dela. Faz com que a cidade saiba ler-se nas palavras que ele só conseguiu criar porque soube conviver com ela, porque soube lê-la. Só assim não será o estrangeiro, consolidando a comunhão.

O leitor e o sonho

Umberto Eco, em *Seis passeios pelos bosques da ficção*, utilizando-se de uma metáfora retirada de um conto de Borges, afirma:

> um bosque é um jardim de caminhos que se bifurcam. Mesmo quando não existem num bosque trilhas bem definidas, todos podem traçar sua própria trilha, decidindo ir para a esquerda ou para a direita de determinada árvore e, a cada árvore que encontrar, optando por esta ou aquela direção. (p. 12)

E conclui, estabelecendo a relação entre o bosque e a narrativa: "Num texto narrativo, o leitor é obrigado a optar o tempo todo." (p. 12)

Borges não escreveu, mas poderia ter escrito, uma história das opções. Algo como um *Livro das opções*, historiando, à sua maneira, casos de personagens — de um conto de Poe, de uma anedota de taberna no sul da Argentina, de uma lenda escandinava, de uma narrativa ouvida por Bioy Casares e contada a Borges — que se deparassem, num dado momento, com a necessidade de optar. O que fizeram, como o fizeram. Uma história das opções seria, diria Borges, uma espécie paralela e mais verdadeira de história da humanidade.

Um capítulo do suposto livro de Borges poderia tratar de leitores. Mais especificamente de leitores que, diante de um texto, optam por uma leitura em detrimento de outra, ou optam por duas, ou simplesmente optam por nenhuma, abandonando o texto. O modo como opta, sua estratégia diante do texto é uma pista segura para que possamos desvendar o perfil daquele que lê.

Tal capítulo poderia começar com o caso do leitor Kublai Khan. No livro de Calvino, *As cidades invisíveis*, vemos um Khan dividido entre dois tipos de relatos: o da maioria de seus embaixadores, que lhe apresentam as notícias do império, e um outro, o de Marco Polo, que parece criado apenas para confundi-lo.

Dos outros embaixadores, o Grande Khan ouve o relato das guerras, de mais um território conquistado, de um tesouro recebido como tributo, de uma homenagem num país distante. De Marco, escuta apenas a descrição de cidades estranhas, incompreensíveis.

O viajante prefere apresentar ao imperador cidades como Otávia, cidade-teia-de-aranha, construída num precipício entre duas montanhas escarpadas, ligada aos dois cumes por fios, correntes, passarelas, os habitantes vivendo nessa espécie de rede armada sobre centenas e centenas de metros de vazio. Ou Armila, onde não há paredes, nem telhados, nem pavimentos, nada que lembre uma cidade, apenas encanamentos de água, sob cujos jatos belas e jovens mulheres se banham, se perfumam, penteiam os longos cabelos. Ou ainda Laudômia, cidade tripla, que tem a seu lado duas outras: a Laudômia dos mortos, o cemitério, e a Laudômia dos não nascidos, dos que ainda vão nascer.

É Kublai Khan quem diz:

— (...) sei que meu império é feito com a matéria dos cristais, e agrega as suas moléculas seguindo um desenho perfeito. Em meio à ebulição dos elementos, toma corpo um diamante esplêndido e duríssimo, uma imensa montanha lapidada e transparente. Por que as suas impressões de viagem se detêm em aparências ilusórias e não colhem esse processo irredutível? Por que perder tempo com melancolias não essenciais? Por que esconder do imperador a grandeza do seu destino?

E Marco:

— Ao passo que mediante o seu gesto as cidades erguem muralhas perfeitas, eu recolho as cinzas das outras cidades possíveis que desaparecem para ceder-lhe o lugar e que agora não poderão ser nem reconstruídas nem recordadas. Somente conhecendo o resíduo da infelicidade que nenhuma pedra preciosa conseguirá ressarcir é que se pode computar o número exato de quilates que o diamante final deve conter, para não exceder o cálculo do projeto inicial. (p. 58)

Quando trata com os outros embaixadores, o Khan é um leitor que lê *a priori*. Ele já sabe o que procura no texto: cifras, obras, nomes, providências, assuntos relacionados aos interesses do império já constituído, apenas o que é preciso saber para que o que foi conquistado seja mantido sob seu domínio.

Nesse primeiro momento, o Khan é o exemplo daquele leitor duramente condenado por Maurice Blanchot, em *O espaço literário*:

O que mais ameaça a leitura: a realidade do leitor, sua personalidade, sua imodéstia, a obstinação em querer manter-se em face do que lê, em querer ser um homem que sabe ler em geral. (p. 198)

Kublai encontra no texto aquilo que quer encontrar, vê o texto como objeto a ser subjugado, como se fosse um inimigo fácil, de quem levasse todo ouro, toda prata, todas as pedras preciosas, jogando fora o que não pudesse ser convertido em riqueza quantificável. Dentre as leituras possíveis, opta pelas mais práticas e seguras. Opção que faz dele um leitor que não entende as narrativas de Marco. No início, não percebe que se trata de outro texto, a pedir outro leitor.

Aos poucos, porém, o Khan vai se modificando, vai começando a se interessar cada vez mais pelas cidades invisíveis que o viajante veneziano lhe descreve. À medida que ouve as histórias de Marco, inicia sua própria viagem, inclinando-se para outra opção.

Agora, nos momentos em que está com Marco Polo, já não lhe interessa saber quantos países conquistou, que sacrifícios foram feitos em sua honra ou que grandes feitos foram somados à sua glória nas últimas expedições. O que o atrai, no texto de Marco, é sobretudo o fascínio de poder optar por vários caminhos ao mesmo tempo e saber que a cada leitura ele é outro, outro Khan, diante de outra cidade. Quando lê – ouvindo, vendo – os relatos de Marco Polo, ele sabe dos riscos de enveredar por estradas tão sinuosas, mas sabe que é somente agindo dessa maneira, sendo ele próprio leitor e autor do que lê, que pode encontrar algum sentido para continuar vivendo. Sabe que aí reside todo o sonho, toda a riqueza futura. E sabe também que, aí, deve desistir de qualquer certeza:

> KUBLAI: Talvez este nosso diálogo se dê entre dois maltrapilhos apelidados Kublai Khan e Marco Polo que estão revolvendo um depósito de lixo, amontoando resíduos enferrujados, farrapos, papel, e, bêbados com poucos goles de vinho de má qualidade, veem resplender ao seu redor todos os tesouros do Oriente.
> POLO: Talvez do mundo só reste um terreno baldio coberto de imundícies e o jardim suspenso do paço imperial do grão-Khan. São as nossas pálpebras que os separam, mas não se sabe qual está dentro e qual está fora. (p. 96)

Borges diria, quem sabe, que a diferença entre as duas atitudes de leitura do grão-Khan é óbvia: o primeiro Khan opta por *saber*, o segundo por *experimentar*. Ou ainda: o primeiro deseja saber para *usar*, o segundo deseja saber para *ser*. E, fechando o breve capítulo de seu livro não escrito, passasse ao próximo.

5

O leitor vidente

Rita, Camilo e Vilela compõem um triângulo amoroso, mas o personagem mais interessante de sua história não é nenhum deles. Num quarto ponto imaginário, superposto à figura, vemos aquela senhora de olhos sonsos que na verdade manipula os destinos dos três.

"A cartomante", de Machado de Assis, é uma narrativa guiada por um narrador habilidoso: a atenção do leitor se volta para o drama vivido por um casal de amantes, Rita e Camilo, que de uma hora para a outra se vê ameaçado por cartas anônimas, indicando a possibilidade de Vilela, o marido, já saber de tudo. Depois dos percalços dos dois jovens, de seus medos e ansiedades, o narrador aponta para um final feliz. A história, no entanto, termina com a morte de ambos, a tiros.

Estrategicamente, o narrador centra sua história nos três personagens, reservando poucas páginas para a cartomante. Desvia nosso olhar para uma história comum de adultério e morte, nos envolvendo como se envolve um leitor de folhetim, para que no final fiquemos tão surpresos quanto Camilo e Rita diante do revólver de Vilela.

Ao contrário de Rita e Camilo, a cartomante é uma leitora astuta. Assim que o moço amedrontado chega à sua casa, ela escolhe para ele um lugar especial:

A cartomante fê-lo sentar diante da mesa e sentou-se do lado oposto, com as costas para a janela, de maneira que a pouca luz de fora batia em cheio no rosto de Camilo. (p. 482)

Camilo é colocado sob a luz, enquanto a cartomante se mantém no escuro. Exatamente como uma leitora que, sentada à mesa, sozinha na escuridão de seu quarto, mantém sob o abajur um livro aberto.

A cartomante é uma leitora distanciada, que sabe pensar sobre o texto, que sabe, ao contrário de Rita e Camilo, separar-se do que lê. Nos seus quarenta anos, a mulher de grandes olhos sonsos e agudos olha para o moço enquanto embaralha as cartas. Olha não diretamente, mas por baixo dos olhos, dissimulada e atenta. E nesse olhar percebe seu rosto assustado:

— Vejamos primeiro o que o traz aqui. O senhor tem um grande susto...

Camilo, maravilhado, fez um gesto afirmativo.

— E quer saber, continuou ela, se lhe acontecerá alguma coisa ou não...

— A mim e a ela, explicou vivamente ele. (p. 482)

Agora seria fácil. "A mim e a ela", ele disse, dando de bandeja à leitora a chave do texto.

A cartomante se esconde, preservando um distanciamento que lhe garante uma posição privilegiada. É desse lugar seguro que ela parte então para outro estágio: o de se construir não mais como leitora, mas como texto. Depois de ler Camilo, de saber que se trata de um jovem rico, enamorado e com medo do marido da amante, ela é obrigada a inverter os papéis, a construir para aquele leitor o texto que ele deseja ler.

É o que ela faz, dizendo-lhe que ficasse tranquilo, nada lhe aconteceria, nem a ela, pois ele, o terceiro, ignorava tudo. A cartomante sabe que está diante de um leitor romântico, ainda que sob o disfarce da intelectualidade, e constrói para esse leitor uma história com final feliz.

Para Camilo, a cartomante é um texto confiável. A cartomante, por sua vez, sabe que essa confiabilidade foi construída. Sabe, por exemplo, que o cenário é um elemento importante na história a ser contada: a pouca luz de sua casa, a escada caindo aos pedaços, o corrimão pegajoso contribuem para o ar de mistério que seduz o leitor Camilo:

> Velhos trastes, paredes sombrias, um ar de pobreza, que antes aumentava do que destruía o prestígio. (p. 482)

O mistério é o grande trunfo da cartomante. Se Camilo já está ali, à sua frente, se já passou por degraus podres e paredes descascadas mesmo sendo um homem da alta sociedade, é porque busca algo novo, é porque aposta, ainda que às escondidas, no sobrenatural, no que foge ao seu cotidiano racional, claro, limpo. A cartomante, lendo tudo isso, se aproveita e monta o enredo.

E, claro, é bem-sucedida:

> — A senhora restituiu-me a paz ao espírito, disse ele estendendo a mão por cima da mesa e apertando a da cartomante. (p. 482)

Depois de dizer o que Camilo queria ouvir, depois de confortar seu leitor, resta criar condições para que o moço a recompense financeiramente.

Pedir uma quantia, qualquer que seja, quebraria o encanto do texto. É preciso manter o jogo ficcional, mesmo nessa hora, e ela o consegue com a habilidade já demonstrada anteriormente. Depois da frase de alívio dita por Camilo, a cartomante se levanta, rindo, e lhe diz:

> — Vá, disse ela; vá, *ragazzo innamorato*...

E de pé, com o dedo indicador, tocou-lhe na testa. Camilo estremeceu, como se fosse a mão da própria sibila, e levantou-se também.

A cartomante foi à cômoda, sobre a qual estava um prato com passas, tirou um cacho destas, começou a despencá-las e comê-las (...). Nessa mesma ação comum, a mulher tinha um ar particular. Camilo, ansioso por sair, não sabia como pagasse; ignorava o preço.
— Passas custam dinheiro, disse ele afinal, tirando a carteira. Quantas quer mandar buscar?
— Pergunte ao seu coração, respondeu ela.
Camilo tirou uma nota de dez mil-réis, e deu-lha. Os olhos da cartomante fuzilaram. O preço usual era dois mil-réis.
— Vejo bem que o senhor gosta muito dela... E faz bem; ela gosta muito do senhor. Vá, vá tranquilo. Olhe a escada, é escura; ponha o chapéu... (pp. 482-483)

Pródigo coração, o deste moço. Talvez fosse este o pensamento da cartomante depois da saída de Camilo. O que ele pensava, já sabemos.

Camilo e Rita são leitores ingênuos. Ela, o protótipo da leitora romântica. Ele, o falso intelectual. Ambos leem se entregando ao texto de corpo e alma, como desesperados à procura da palavra consoladora. A cartomante, ao contrário, é uma leitora crítica, que se mantém a uma distância segura e, quando necessário, sabe sair do lugar de leitora e passar ao de texto com a mesma desenvoltura.

O que ela faz, no encontro com Rita e, mais tarde, Camilo, pouco ou nada tem de místico. É uma vidente no sentido primeiro da palavra, originária do latim *videntis*: aquele que vê. Sua perspicácia consiste primeiramente em enxergar o óbvio — ela é aquela que sabe ver onde os outros não querem ver — e, num segundo momento, ocultá-lo, colocando em seu lugar uma fantasia encomendada.

No destino traçado para os três personagens, restou aos dois primeiros a morte, na sala da casa do marido traído. Para a cartomante, uma nota de dez-mil réis e o prazer de poder cantarolar, alheia ao movimento da rua, uma alegre barcarola.

O leitor e a memória

Funes parecia dominar os segredos da memória. No conto de Borges, "Funes, o memorioso", temos um garoto de dezenove anos que, após um acidente que o deixa paralítico, passa a desenvolver assustadoramente a capacidade de memorizar tudo o que lhe passa pelos sentidos:

> Nós, de uma olhadela, percebemos três copos em cima de uma mesa; Funes, todos os rebentos e cachos e frutos que comporta uma parreira. Sabia as formas das nuvens austrais do amanhecer do trinta de abril de mil oitocentos e oitenta e dois e podia compará-las na lembrança com as linhas da espuma que um remo sulcou no Rio Negro na véspera da batalha de Quebracho. (p. 94)

Porque lembrava com o corpo, o jovem Funes, assim como os personagens leitores *marginais* de *Farenheit 451*, de Ray Bradbury, não vivia impunemente suas lembranças:

> Essas lembranças não eram simples; cada imagem visual estava ligada às sensações musculares, térmicas etc. Podia reconstruir todos os sonhos, todos os entressonhos (...) Contou-me: *Mais recordações tenho eu sozinho que as tiveram todos os homens desde que o mundo é mundo.* E também: *Meus sonhos são como a vigília de vocês.* E igualmente, por volta da alva: *Minha memória, senhor, é como despejadouro de lixos.* (p. 94)

Funes era quase incapaz de ideias gerais, de conceitos, tudo nele era a memória exata, o momento único, o objeto único. Era difícil para ele, por exemplo, compreender que a palavra *cão* pudesse designar tanto o cão das três e catorze (visto de perfil) como o cão das três e quinze (visto de frente). Como nos conta o narrador, no "abarrotado mundo de Funes não havia senão pormenores, quase imediatos".

Funes lembra como quem vive:

> Duas ou três vezes havia reconstruído um dia inteiro; nunca havia duvidado, cada reconstrução, porém, tinha requerido um dia inteiro. (p. 94)

Lembra como quem vive literalmente o que lembra, e não como quem reapresenta para si mesmo alguma coisa vivida, para de novo vivê-la mas agora como uma espécie de ficção, como um filme imaginário. Posso me lembrar em trinta segundos de uma cena que durou, na realidade, três horas, mas a memória de Funes, para rever a cena, gastaria as mesmas três horas de sua duração original. Funes não percebia – e isso talvez lhe tenha custado a vida – que a memória é uma forma de representação.

Ler é lembrar, mas lembrar representando. O destino de Funes parece nos alertar para o fato de que uma boa memória não garante uma boa leitura. Ou melhor, que uma boa memória não é aquela que permite reviver integralmente o já vivido mas aquela que, como num texto ficcional, *seleciona* e *monta* os pedaços de passado.

Ao ler um texto, minha memória aciona outros textos, mas nem todos me interessam naquele momento. Falta a Funes o princípio de economia que norteia tanto uma obra de ficção quanto a leitura da obra. Falta-lhe descobrir um pequeno segredo, que seu criador, no entanto, já conhece muito bem: ler, tanto quanto escrever, é uma aprendizagem do corte.

O leitor e a morte

Há pelo menos três tipos de leitores: os que acreditam, os que negam e os que desconfiam. No conto "A cartomante", esses tipos interagem de maneira exemplar e um deles me interessa particularmente no momento.

Vejamos o começo da narrativa:

> Hamlet observa a Horácio que há mais cousas entre céu e a Terra do que sonha a nossa filosofia. Era a mesma explicação que dava a bela Rita ao moço Camilo, numa sexta-feira de novembro de 1869, quando este ria dela, por ter ido na véspera consultar uma cartomante; a diferença é que o fazia por outras palavras.
> (p. 477)

Rita era casada com Vilela, amigo de Camilo, que era amante de Rita, compondo os três mais uma ciranda amorosa típica dos romances da segunda metade do século XIX. Viviam em perfeita harmonia: Camilo frequentando a residência do casal, Rita se mostrando uma esposa dedicada e fiel, Vilela desconhecendo o caso de sua mulher com seu melhor amigo.

Certo dia, porém, Camilo recebe uma carta anônima, chamando-o de imoral e pérfido, e anunciando que todos sabiam da traição. Amedrontado, começa a rarear as visitas, até interrompê-las completamente.

Vilela estranha a atitude do outro, mas este o convence dizendo que anda ocupado com uma "uma paixão frívola de rapaz".

Rita, no entanto, sente ciúmes, e decide consultar uma cartomante. A cartomante lhe diz que não deve se preocupar, o jovem ainda a ama e ninguém desconfia de nada. Renovada a paz de espírito, Rita vai ao encontro do amante e conta-lhe tudo.

Na sua adolescência, influenciado pela mãe, Camilo chegara a acreditar nesse tipo de coisas, mas a partir dos vinte anos tornara-se um cético. Agora, ironiza a ingenuidade de Rita, capaz de levar a sério tamanha tolice. Camilo é um homem do século, em sintonia com seu tempo, e para quem toda verdade passa longe de crendices e superstições tolas, encarnando perfeitamente o papel do leitor racional, do leitor *cientista*. Veste com desenvoltura a indumentária positivista que vai se autointitular modernidade, marcando bem o espírito da época.

Camilo se considera o leitor moderno, que lê a cartomante como um texto vulgar e oportunista. Ao mesmo tempo, descobre em Rita a típica leitora romântica, uma leitora cujo senso crítico dá lugar ao sonho, ao devaneio, induzindo-a ao erro de acreditar em textos exóticos, cuja malícia é dizer o que o leitor deseja ouvir. No fundo, talvez se sinta lisonjeado quando Rita lhe diz: "Ria, ria. Os homens são assim; não acreditam em nada." (p. 477)

Mais cartas anônimas continuam a chegar à casa de Camilo. Por seu lado, Rita observa, e conta ao amante, que Vilela tem mudado de temperamento, ficando de repente mais sombrio. A história dos três começa a tomar outro caminho, um novo texto parece estar sendo escrito e cabe a Camilo, o homem que não acredita, lê-lo.

A leitura parece se complicar de vez quando surge um certo bilhete:

> No dia seguinte, estando na repartição, recebeu Camilo um bilhete de Vilela: "Vem, já, já, à nossa casa; preciso falar-te sem demora." Era mais de meio-dia. Camilo saiu logo; na rua, advertiu que teria sido mais natural chamá-lo ao escritório; por que em casa? Tudo indicava matéria especial, e a letra, fosse realidade ou ilusão, afigurou-se-lhe trêmula. Ele combinou todas essas cousas com a notícia da véspera.

— Vem, já, já, à nossa casa; preciso falar-te sem demora — repetia ele com os olhos no papel.
Imaginariamente, viu a ponta da orelha de um drama. (p. 480)

A lucidez de Camilo lhe diz que a possibilidade de Vilela ter descoberto tudo é cada vez maior. A suspensão de suas visitas sem um motivo convincente, as cartas anônimas que, segundo Rita, também foram enviadas ao marido, a súbita mudança de atitude deste, tudo parecia convergir para uma única verdade: foram descobertos. Nem precisava ser um leitor muito atento para perceber o que se passava. Camilo lia claramente a narrativa de sua aventura amorosa, e sentia medo.

O senso prático talvez lhe aconselhasse: se é assim, se já o descobriram, se lá o espera uma tragédia, um drama, quem sabe a morte, melhor fugir. Mas ele decide ir à casa de Vilela. A decisão de Camilo tem um motivo: não ir podia significar uma salvação, mas ele nunca saberia de fato o que estava acontecendo. Ir certamente seria temerário, mas pelo menos ele poderia ter uma resposta definitiva. Como todo leitor obcecado por certezas, a dúvida lhe parecia pior que a morte.

É o que ele parece demonstrar quando entra no tílburi, manda o cocheiro seguir a trote largo e reflete: "Quanto antes, melhor, pensou ele; não posso estar assim..." (p. 481)

Chegando ao final da rua da Guarda Velha, o tílburi é obrigado a parar por causa de uma carroça que quebrara e permanecia ali, atravancando o caminho. Camilo de certa forma gostou do imprevisto, que lhe daria mais tempo para pensar e acalmar-se, mas ao final de cinco minutos:

reparou que ao lado, à esquerda, ao pé do tílburi, ficava a casa da cartomante, a quem Rita consultara uma vez, e nunca ele desejou tanto crer na lição das cartas. Olhou, viu as janelas fechadas, quando todas as outras estavam abertas e pejadas de curiosos do incidente da rua. Dir-se-ia a morada do indiferente Destino. (p. 481)

Camilo pensa em descer do tílburi e entrar na casa da cartomante, mas seu ceticismo ainda o acompanha de perto e ele hesita:

> As pernas queriam descer e entrar... Camilo achou-se diante de um longo véu opaco... pensou rapidamente no inexplicável de tantas cousas. A voz da mãe repetia-lhe uma porção de casos extraordinários, e a mesma frase do príncipe da Dinamarca reboava-lhe dentro: 'Há mais cousas entre o céu e a Terra do que sonha a nossa filosofia..." Que perdia ele, se...? (p. 481)

Acaba entrando. Observa o aspecto sombrio e pobre da casa e senta-se diante da cartomante. A mulher embaralha as cartas e lhe diz, num misto de afirmação e pergunta, que um grande susto o traz àquele lugar. Já nesse momento, ou mesmo um pouco antes, Camilo não é mais o mesmo. Noutras circunstâncias, como quando falava com Rita, ele ouviria com ar de escárnio, quem sabe com um riso cínico no canto dos lábios, as palavras mais que óbvias da cartomante. Nesse instante, porém, a única coisa que faz é deixar transparecer uma expressão de homem maravilhado com aquela fantástica adivinhação e, num gesto, responde afirmativamente.

Ao final da consulta, Camilo se sente revigorado, leve. A cartomante lhe dissera que não se preocupasse, que o outro não desconfiava de nada, que tudo correria bem. O céu mais suave, as pessoas mais simpáticas na rua, tudo era agora um outro mundo para Camilo. Chegava a achar graça de seus antigos temores, que, agora, julgava infantis.

Sua leitura se transforma. Passa a ler o bilhete de Vilela com novos olhos. Os termos do bilhete eram íntimos e familiares, como pudera ver ali uma ameaça? A carroça quebrada havia sido removida e ele chega depressa à casa do amigo.

Ao se encontrar com Vilela, desculpa-se pela demora e lhe pergunta, afinal, qual o motivo do convite:

> Vilela não lhe respondeu; tinha as feições decompostas; fez-lhe sinal, e foram para uma saleta interior. Entrando, Camilo não pôde sufocar um grito de terror: – ao fundo sobre o canapé, estava Rita morta e ensanguentada. Vilela pegou-o pela gola, e, com dois tiros de revólver, estirou-o morto no chão. (p. 483)

No final da história, percebemos o perfil de leitor mais condizente com o personagem Camilo. Aparentemente avesso a misticismos, Camilo nada mais é do que um leitor ingênuo, disfarçado sob a moda intelectual do fim de século.

É um leitor típico de sua época. Juntamente com o leitor romântico, aqui representado por Rita, modelo perfeito da leitora de folhetim, vemos no final do século XIX outro tipo de leitor, bastante comum, a que Machado chamaria de *medalhão*.

O medalhão, tipo criado pelo autor no conto "Teoria do Medalhão", se caracteriza por aparentar ser o que não é. Caracteriza-se, sobretudo, por ter, como nos medalhões, uma face oculta e sem atrativos, voltada apenas para o corpo do dono, e outra, vistosa, virada para o exterior, para ser vista e admirada, respeitada. Nada mais nada menos do que é Camilo, pura aparência.

Camilo, assim como Rita, quando está diante do texto, lê o que deseja ler e não o que está escrito. Lê o que lhe é mais conveniente ler naquele momento, independente do texto que lhe é oferecido para leitura. É o tipo de leitor que ignora o texto, que subestima o texto.

Nesse sentido, Camilo se assemelha a Damásio, o temido matador do conto "Famigerado", de Guimarães Rosa. A diferença entre os dois é que Damásio é um homem de pouca ou nenhuma instrução que recorre ao médico, o instruído, à procura de uma palavra libertadora, que salve sua honra, enquanto Camilo, ao contrário, representa a intelectualidade em busca da salvação justamente na figura do não intelectual, do obscuro. Além disso, diferem pelo resultado final da leitura: positivo para Damásio, trágico para Camilo.

Ambos, no entanto, estando no sertão ou na capital do império, participam de um conhecido combate entre leitores. De um lado, Damásio e Camilo, à procura de um texto escrito unicamente para eles e que lhes restitua a paz. De outro, o médico e a cartomante, leitores atentos, estratégicos construtores de texto.

Feita a leitura do outro — Damásio, Camilo —, o médico e a cartomante se utilizam de sua habilidade retórica para inventar agora a palavra desejada, seja para ganhar o sustento de cada dia, seja para evitar uns tiros. Nos dois casos, o leitor, sabendo ler, dribla a morte.

O leitor e o sonho

Em *Cidade de vidro*, o escritor de romances policiais Daniel Quinn assume a identidade do detetive Paul Auster. Sua primeira e única cliente é Virginia Stillman. O marido de Virginia, Peter Stillman, quando criança ficou trancado num quarto durante nove anos pelo pai, um professor de filosofia e religião da Universidade de Harvard.

O pai de Peter era um teórico conceituado. Tinha uma tese um tanto exótica sobre interpretações teológicas do Novo Mundo, envolvendo discussões sobre o discurso e a divindade, e trancara o filho na suposição de que no absoluto isolamento, distante de qualquer contato com outras pessoas, ele purificasse sua linguagem a tal ponto que um dia pudesse pronunciar a verdadeira palavra divina.

Peter conseguira livrar-se do pai, que fora internado como louco e agora liberado. Virginia, a esposa de Peter, temia que o velho voltasse para vingar-se do filho, e por isso contratara Quinn, pensando que fosse Auster.

Cidade de vidro se constrói nos lances de aparências. Como se percebe na voz do próprio Peter, ao tentar explicar seu caso ao falso detetive:

> Me desculpe, senhor Auster. Vejo que estou deixando o senhor triste. Sem perguntas, por favor. Meu nome é Peter Stillman. Este não é o meu nome verdadeiro. Meu nome verdadeiro é senhor Triste. Qual é o seu nome, senhor Auster? Talvez o senhor seja o verdadeiro senhor Triste e eu não seja ninguém (...) Sou Peter Stillman. Este não é o meu nome verdadeiro. Meu nome verdadeiro é Peter Coelho. No inverno, sou o senhor Branco, no verão, o senhor Verde (...) Sou agora sobretudo um poeta (...) Nada sei

de nada disso. Nem entendo. Minha esposa é que me conta essas coisas. Diz que para mim é importante saber, mesmo que eu não entenda. Para saber, a gente tem de entender. Não é isso? Mas não sei nada. Talvez eu seja Peter Stillman, talvez não seja. Meu nome verdadeiro é Peter Ninguém. Obrigado. E o que você acha disso?
(pp. 24-27)

Peter deve sua instabilidade, sua indefinição crônica certamente à experiência traumática de ter passado nove anos de sua vida trancafiado num quarto, longe de qualquer pessoa, sem ouvir, falar ou ler palavra, uma espécie de Kaspar Hauser do século XX.

Mas há, no texto, outros personagens para quem as linhas da ficção e da realidade se entrecruzam numa situação limite, em circunstâncias, porém, bastante diferentes das vividas pelo marido de Virginia. Destes, destaco dois, que, ao contrário de Peter, tiveram um convívio intenso com a palavra, sobretudo com a palavra escrita.

O primeiro deles é o pai de Peter. Quinn aceita vigiar o velho Stillman e segue-o logo depois de sua chegada a Nova York, já liberado do sanatório. Encontram-se numa praça. O pai de Peter não sabe que se trata de um detetive, ainda que falso, e discorre sobre suas teorias filosóficas e teológicas, tendo em Quinn um ouvinte atencioso.

Nesse primeiro encontro, que o detetive fez parecer casual, Quinn se apresenta, estrategicamente, como Henry Dark. Na verdade, Quinn havia pesquisado intensamente a vida e, sobretudo, lido com atenção a tese de Stillman, intitulada *O jardim e a torre: antigas interpretações do Mundo Novo*, onde é citado com reverência um clérigo de Boston, nascido em Londres, em 1649, chamado Henry Dark.

Henry Dark teria sido o autor de um panfleto, em 1690, quando já havia emigrado para os Estados Unidos, intitulado *A nova Babel*, um estudo sobre a questão da construção do paraíso na América, no qual apresentava questões e defendia ideias que empolgaram Stillman, a ponto de levar o professor a afirmar que o panfleto representava o relato mais visionário escrito até então sobre o novo continente.

Ao ouvir o estranho se apresentar daquela maneira, Stillman diz não ser possível que ele tenha esse nome, e Quinn lhe pergunta:

– Por que não?
– Porque não existe nenhum Henry Dark.
– Bem, talvez eu seja um outro Henry Dark. Em oposição ao que não existe.
– Hmmm. Sim, estou entendendo. É verdade que duas pessoas às vezes têm o mesmo nome. É bem possível que seu nome seja Henry Dark. Mas você não é o Henry Dark.
– Ele é amigo do senhor?
Stillman riu, como se fosse uma boa piada.
– Não exatamente – disse ele. – Veja, nunca existiu uma pessoa chamada Henry Dark. Eu inventei isso. Ele é uma invenção. (p. 92)

Na época de sua tese, Stillman sabia do perigo que corria ao lançar certas ideias e por isso criou Henry Dark, um pensador cercado de mistério, para lhe servir como escudo. Tratava-se, portanto, de uma espécie de personagem que os colegas de Harvard, devido à habilidade de Stillman, tinham tomado como real.

No longo diálogo com Daniel Quinn – que transcrevo abaixo, com recortes – ficamos sabendo que Henry Dark, por sua vez, nascera sob a inspiração de outra criatura inventada, agora pelo sonho de outro escritor de língua inglesa: Lewis Carroll. Stillman diz:

– É um bom nome, não acha? Gosto muito dele. Cheio de mistério e ao mesmo tempo muito conveniente. Prestava-se muito bem ao meu propósito. Além disso, tinha um sentido secreto.
– A alusão à escuridão?

— Não, não. Nada tão óbvio assim. Eram as iniciais. H. D. Isso era muito importante.
— De que modo?
— Não quer tentar adivinhar?
— Creio que não.
(...)
— As iniciais H. D. no nome Henry Dark referem-se a Humpty Dumpty.
— Quem?
— Humpty Dumpty. O senhor sabe de quem estou falando. O ovo.
— Como em 'Humpty Dumpty sentou-se em um muro'?
— Exatamente.
— Não entendo.
— Humpty Dumpty: a mais pura encarnação da condição humana. Ouça com atenção, senhor. O que é um ovo? É aquilo que ainda não nasceu. Um paradoxo, não é? Pois como pode Humpty Dumpty estar vivo se ainda não nasceu? No entanto, ele está vivo, não há engano algum. Sabemos disso porque ele é capaz de falar. Mais ainda, ele é um filósofo da linguagem. "Quando *eu* uso uma palavra', disse Humpty Dumpty em um tom meio debochado, ela significa apenas aquilo que eu quis que significasse, nem mais, nem menos. A questão, disse Alice, é saber se você *consegue* fazer as palavras significarem tantas coisas diferentes. A questão, disse Humpty Dumpty, é o que significa ser aquele que manda, e isso é tudo". (pp. 93-94)

Não é à toa que Stillman vai recorrer ao livro de Lewis Carroll, *Alice através do espelho*, para criar Henry Dark, retomando a passagem em que Alice se depara com um ovo falante sentado num muro usando uma bela gravata, presente do Rei e da Rainha Branca.

Stillman, como Daniel Quinn, é um leitor voraz, e no momento de solucionar um problema no mundo, digamos, real, ou seja, diante da necessidade de proteger-se dos inimigos, vai buscar no território que ele domina, o da ficção, o elemento salvador. Mas não é apenas esse o motivo. Não se trata de uma obra de ficção qualquer: o livro de Carroll narra um sonho. E, além disso, ao final da história não sabemos com certeza quem sonhou aquilo: foi Alice, ela própria se pergunta, ou o Rei Vermelho?

Antes de ser o criador de Henry Dark, portanto, Stillman é o leitor de Carroll. É na leitura de *Alice através do espelho* que ele vai encontrar elementos para montar seu quebra-cabeça, criando toda uma atmosfera ficcional, inventando, a partir da leitura do romance, todo um mundo de sonho.

O outro personagem leitor que destaco é o próprio Daniel Quinn. Antes de começar sua carreira de escritor, Quinn já era um dedicado leitor de narrativas de mistério. Em nenhuma das capas dos diversos livros que escreveu aparece seu nome verdadeiro mas outro, pseudônimo, retirado de um conto de mistério escrito por Edgar Allan Poe: "William Wilson."

Logo nas primeiras linhas do conto, sabemos tratar-se de uma história construída no disfarce:

> Que me seja permitido, no momento, chamar-me William Wilson. A página em branco, que tenho diante de mim, não deve ser manchada com meu verdadeiro nome. (p. 85)

Como se vê, Quinn escolhe como pseudônimo um outro pseudônimo. Pseudônimo inventado por um personagem, por sua vez inventado pela imaginação de Poe.

No conto de Poe, William Wilson começa a nos contar sua intrigante aventura a partir das primeiras impressões de sua vida de estudante, numa casa enorme e extravagante construída no estilo elisabetano e situada numa aldeia sombria da Inglaterra:

> Parecia, na verdade, um lugar de sonho, essa velha cidade venerável, bem própria para encantar o espírito. (p. 86)

O mistério começa a mostrar-se pelo cenário, onírico, e toma posse da narrativa com o aparecimento no colégio de um homônimo do narrador. O rapaz, além de se chamar William Wilson, tem as mesmas feições, o mesmo jeito de andar, os mesmos gestos, a mesma rapidez de raciocínio daquele que narra a história, e mais que isso: nasceram no mesmo dia.

Instala-se desde o início, entre os dois, um clima de competição ferrenha e silenciosa, alheia aos olhares dos outros colegas. O narrador, certo dia, entra no quarto do outro e o vê dormindo. A semelhança dos dois é tão assustadora que o menino foge do colégio, tentando livrar-se de tudo aquilo.

A fuga é inútil. Durante toda a vida, em várias partes do mundo, William Wilson perseguirá William Wilson, aparecendo sempre nos momentos em que o outro está cometendo ações moralmente condenáveis. Sua sombra funciona como uma espécie de consciência, remetendo à epígrafe:

> "Que dirá ela? Que dirá a terrível consciência, aquele espectro no meu caminho?
>
> Chamberlain – *Pharronida.*"

A palavra *sonho* pontua a narrativa de Poe, aparecendo com frequência sobretudo nas primeiras páginas. O próprio narrador, como acontece com Alice, de Carroll, desconfia de que sua experiência tenha sido de fato real: "Na verdade, não teria vivido num sonho?" (p. 86)

E é justamente essa história fronteiriça, oscilando entre realidade e sonho, que vai seduzir Daniel Quinn, aficcionado leitor de contos e romances de mistério e, principalmente, leitor de Poe, recorrendo às vezes a outro de seus famosos personagens: Dupin.

Quinn caminha pelas ruas de Nova York como se fosse um simulacro: vários fantasmas o acompanham no passeio, ditando o que ele deve fazer, dizer, olhar, pensar. E ditando o que ele deve escrever em seu caderno vermelho, caderno de notas, espécie de diário e romance.

Stillman e Quinn *vivem* suas leituras. Recriam, no cotidiano, toda a atmosfera onírica que os fascina nos livros que leem: a Bíblia, um romance de Carroll, um conto de Poe. São dois inveterados leitores sonhadores.

A diferença é que Stillman parece estar confortável nessa situação tão delicada. Ou, pelo menos, não parece compartilhar a angústia que se apossa de Daniel Quinn. Não sabemos do destino final de Stillman, que desaparece da narrativa a certa altura, mas ele aparenta estar mais adaptado à cidade, à loucura própria da cidade.

Para Quinn, o sonho se transforma em pesadelo. E pesadelo porque ele não consegue entender seu funcionamento, ao contrário do que acontecia nos romances e contos policiais que costumava ler avidamente:

> O que gostava nesses livros era o seu sentido de plenitude e economia. No bom livro de mistério, nada é desperdiçado, nenhuma frase, nenhuma palavra que não seja significativa. E ainda que não seja significativa, ela tem o potencial para isso – o que no final dá no mesmo. O mundo do romance se torna vivo, ferve de possibilidades, com segredos e contradições. Uma vez que tudo o que é visto ou falado, mesmo a coisa mais ligeira e trivial, pode guardar alguma relação com o desfecho da história, nada deve ser negligenciado. Tudo se torna essência; o centro do livro se desloca a cada acontecimento que impele a história para a frente. O centro, portanto, está em toda parte e nenhuma circunferência pode ser traçada antes que o livro chegue ao fim. (p. 14)

No mundo do livro, sim. Daniel Quinn tenta passar para o mundo de fora do livro toda a riqueza dessa engrenagem perfeita, em que tudo significa e cada peça se interliga a outra, movimentando-se sempre e a cada movimento se rearticulando novamente.

É o que ele tenta quando se faz passar por um detetive, Paul Auster, depois de já ter se inventado como William Wilson. Neste mundo, porém, a engrenagem parece não funcionar muito bem. Quinn espera até o final, na tentativa de traçar o centro, a circunferência que interligue os pontos soltos.

Investe na observação meticulosa, no raciocínio lógico, até que tudo começa a degringolar e a loucura vai se aproximando dele, devagar e firme, envolvendo-o como um sonho ruim.

O falso detetive se depara com um enigma insolúvel e perde a pista de Stillman:

> Agora Stillman havia ido embora. O velho se tornara parte da cidade. Era um ponto preto, um sinal de pontuação, um tijolo em um infinito muro de tijolos. Quinn podia caminhar pelas ruas todo dia pelo resto da vida e mesmo assim não ia encontrá-lo. Tudo fora reduzido ao acaso, um pesadelo de números e probabilidades. Não havia pistas, nenhum fio condutor, nenhum movimento a ser feito. (p. 104)

Na leitura de histórias de mistério, há sempre o prazer de descobrir, no final, que tudo está organicamente articulado. O mundo do sonho é fabricado com a mesma precisão com que se fabrica um relógio. Constatar essa plenitude, ao término de cada leitura de conto ou romance, confere ao leitor uma sensação de cumplicidade: *eu também descobri, eu posso entender*, ameniza sua solidão, colocando-o no mundo dos que compreendem.

Daniel Quinn sabia disso, e quis fazer com que a vida fosse esse texto-sonho fabricado com exatidão. Só não sabia que o prazer de descobrir é tão intenso quanto a angústia de não descobrir, a angústia de perceber que a engrenagem existe e não poder decifrá-la. Do sonho ao pesadelo, apenas um passo.

(O leitor e o nome)

O leitor acaba de entrar na Biblioteca. Cumprimenta os funcionários no balcão e caminha até sua mesa favorita, quase sempre vazia àquela hora da manhã. Deixa ali seu caderno e o jornal. Caminha até a estante, aquela ao fundo, no canto esquerdo. Diante dela, seus olhos miram a mesma lombada negra de outras vezes, na qual se lê, em letras douradas: *O livro das maravilhas* – Marco Polo. Apanha o exemplar, volta para a mesa. Abre na página 41, relê:

> Marco, filho de Misser Nicolau, aprendeu com tanta perfeição a linguagem e os costumes dos tártaros que a todos causava surpresa, pois, desde a sua chegada à corte, aprendeu a escrever e a falar quatro línguas. E, como era sábio e prudente, o Grão-Khan dedicou-lhe grande carinho, estimando o seu valor.
>
> Quando reconheceu a inteligência de Marco, enviou-o como embaixador a uma região onde era mister seis meses para se chegar. O jovem cumpriu a sua missão de maneira esclarecida e prudente.
>
> Havia ouvido dizer, repetidas vezes, que, quando o Grão-Khan enviava mensageiros às diferentes partes do mundo e estes não sabiam referir-lhe mais do que o objeto da missão para que haviam sido mandados, alcunhava-os de néscios e ignorantes, pois mais lhe aprazia ouvir falar sobre os costumes e curiosidades das cortes estrangeiras do que sobre as notícias relativas ao pretexto com que os enviara.
>
> E Marco, que disto sabia, esmerou-se em contar ao Grão-Khan as novidades, coisas estranhas e quantas curiosidades havia visto, no decorrer da sua embaixada.

Sem saber explicar direito o motivo, o leitor adora essa parte. Talvez, ele pensa, seja porque esse pequeno trecho prepare a leitura dos fatos curiosos que Marco Polo irá descrever dali por diante, como se fosse uma pista para os leitores, insinuando o que espera por eles se decidirem virar as próximas páginas.

Vai folheando a esmo o relato de Marco, vivendo a manhã tranquila e silenciosa, um pouco fria, um sol fraco clareando as pedras e as amendoeiras lá fora. Detém-se por alguns minutos, o olhar distante, o livro nas mãos, entreaberto.

Sabe-se lá em que pensa no momento em que é interrompido: "Oi, isso é seu? Caiu do livro", diz a bibliotecária, entregando-lhe uma folha de papel almaço, dobrada.

É uma folha dupla. O leitor desdobra a folha e nas quatro páginas que a compõem vê uma letra pequena, feminina, ocupando todo o papel, invadindo as margens, como se quem tivesse escrito aquelas palavras precisasse muito colocar tudo naquele espaço.

Alguém a esqueceu dentro do livro, supõe. Quem teria lido o livro desde a última vez que o li?, imagina, mais curioso que verdadeiramente intrigado.

O leitor percebe que se trata de uma cópia manuscrita, alguém copiou aquelas linhas de algum livro e teve o cuidado de deixar no alto da página as referências bibliográficas completas. Vai lendo as referências até que, de repente, se espanta.

Sem demora, caminha até o balcão e pede o livro referenciado por aquela leitora (ele já decidiu por conta própria que se trata de uma leitora), uma leitora anônima que deixara ali sua letra pequenina.

Enquanto espera que lhe tragam o livro, lê o que fora copiado no papel almaço esquecido (ou deixado) no livro de Marco Polo:

> Sabemos que O livro das mil e uma noites não é obra de um único autor. Supõe-se, conforme as versões do inglês Burton e do mexicano Cansinos-Asséns, que, das diversas séries de que é composto o conjunto

final, a série da Índia teria sido a originária, passando depois à Pérsia, onde os relatos teriam se modificado, adquirindo a feição árabe que neles reconhecemos, e reunidos numa coletânea intitulada *Hazar afsana*, cuja tradução em persa seria *Mil aventuras*, mas que popularmente ficou conhecida como *As mil noites*. Somente no final do século XV teremos a primeira compilação, baseada no *Hazar afsana*. Não se descarta a hipótese, porém, conforme a opinião do Barão de Purgstall, orientalista de renome, de os primeiros contos terem origem já no império de Alexandre da Macedônia. Como nos diz o autor, existia, então, um grupo de narradores orais que eram chamados de *confabulatores nocturni*. Estes contadores de histórias, estes 'confabuladores noturnos', preenchiam as noites do Imperador narrando-lhe o que provavelmente seriam fábulas, ainda sem o sentido moral que posteriormente seria acrescentado a elas. Algumas estariam registradas no *Livro das mil e uma noites*, ou, melhor dizendo, em algumas de suas versões.

No século XVIII, entre 1704 e 1717, um membro da Académie des Inscriptions et Belles-Lettres, Antoine Galland, prepara a tradução considerada a mais importante das histórias das mil e uma noites, por ter servido de base para as demais e por ter introduzido o livro no imaginário do Ocidente. Trata-se certamente de uma das mais recatadas. O primeiro volume surge em 1704, dedicado à dama de honra da duquesa de Borgonha, e seu tradutor procurou guiar-se, na seleção dos textos, pelo erótico e pelo pitoresco, deixando à margem episódios que julgava pouco interessantes para o gosto da época, mas tendo o cuidado, também, de eliminar poemas e anedotas de natureza grotesca ou vulgar. Depois de Galland vieram outros, com maior destaque para os seguintes tradutores: em inglês, Henry Torrens (1838), Lane (1839-1841), Payne (1882-1889), Burton (1899-1904); em francês, a polêmica versão de Mardrus (1899-1904), que se pretendeu a mais fidedigna aos originais; em alemão, Enno Littmann (1923-1928), Weil (1839-1842), Max Henning (1895-1897), sendo as mais recentes a francesa, sob responsabilidade de Armel Guerne (1966), baseada em documentos alemães, a espanhola, de Raphael Cansinos-Asséns, publicada no México, e a ainda inconclusa tradução, também em francês, de René Khawam.

Fatos curiosos têm cercado o famoso livro. Um deles refere-se a um dos contos mais conhecidos da coletânea: 'Aladim e a lâmpada maravilhosa', que foi incluído na versão francesa de Galland mas não consta nem dos escritos árabes nem dos persas. Alguns acreditam que o orientalista francês teria inventado por conta própria a história da lâmpada mágica e incluído a narrativa entre as outras que traduzira, mas existe a suposição de que a aventura de Aladim tenha de fato existido, ainda que não registrada oficialmente mas apenas na memória dos numerosos contadores de histórias que participaram da construção do *Livro das mil e uma noites*, tendo assim o tradutor empreendido a tarefa de passá-la, certamente com alterações, para o papel.

Muitos são, portanto, os autores das narrativas. Percebemos as marcas da cultura sânscrita, reminiscências hebraicas, persas, episódios passados no Cairo e na Bagdá do califa Harum-al-Rashid, além de componentes ocidentais da antiguidade greco-latina, herança provavelmente das cruzadas. Não apenas os *confabulatores nocturni* de Alexandre, ou os contadores de histórias que proliferavam no Cairo, por volta de 1850, como informa Lane, ou ainda outros de que nem temos notícias, não apenas os narradores orais dividem a autoria dos contos como também dela fazem parte os próprios tradutores, na medida em que selecionaram conforme um critério pessoal, 'recortando', no vasto papel por onde se estendem as aventuras narradas, as figuras que mais lhes interessavam, seguindo certo projeto, certo propósito geral preestabelecido. São todos eles que em conjunto assinam as páginas anônimas, páginas de todos e de ninguém, como se fossem feitas apenas para a delícia da leitura e não para destacar, para chamar a atenção para este ou aquele nome, este ou aquele autor, de certa época e nacionalidade.

Apesar da grande variedade de versões do texto, há uma particularidade comum a todas elas: a mesma narrativa inicial. Como na coletânea hindu *Pantchatantra*, entre tantas outras orientais e mesmo ocidentais, haja vista, por exemplo, o *Decameron*, de Boccaccio, temos uma 'história matriz', digamos assim, de onde as outras vão surgindo. No *Livro das mil e uma noites*, esta 'história matriz' apresenta ao leitor o poderoso rei Shariar e seu irmão Shazamane, soberanos das ilhas da Índia e do Industão, que se veem diante do adultério de suas respectivas esposas. Após chegar à conclusão de que não apenas os reis mas até os gênios, seres de grande poder mágico, estão sempre sujeitos às artimanhas femininas, e constatar que mesmo as adolescentes consideradas castas pela opinião geral trazem dentro de si a propensão ao adultério, o rei Shariar pensa num estratagema que lhe dê a garantia de jamais ser traído novamente por uma mulher. Estabelece que a cada noite receberá como esposa uma virgem, a ser executada na manhã seguinte. Segue-se verdadeiro massacre em seu reino até que a filha mais velha do vizir, Sherazade, irmã de Duniazade, decide entregar-se aos braços do rei por conta própria, levando com ela, para o quarto do casal, a irmã caçula. Na noite de núpcias, passado o ímpeto carnal do rei e de sua esposa, a pequena Duniazade, encostada ao pé da cama, pede à irmã que lhe conte uma história, entretendo-a, dessa forma, até que chegue a aurora. Sherazade começa sua narrativa, interrompendo-a logo pela manhã. O rei, curioso, concede-lhe, contrariando a norma, mais uma noite, apenas para a conclusão do relato, mas nessa segunda noite a jovem ainda não dá por terminada a tarefa, tirando sempre de um conto um outro conto, num desenrolar que segue por meses e anos. Ao final da milésima primeira noite, Sherazade pede para não ter o mesmo destino das outras mulheres que dividiram o leito com Shariar, e o rei, a essa altura dos acontecimentos completamente apaixonado por ela, prefere festejá-la a vê-la morta.

    Em todas as traduções conhecidas, da primeira à última, ainda que vários contos sejam narrados de formas diferentes ou mesmo não constem de uma ou outra versão traduzida, todas mantêm intacta a história de Sherazade. A bela filha do vizir é a narradora das histórias do *Livro das mil e uma noites*; é por intermédio de sua voz que tomamos conhecimento, como se fôssemos Shariar e Duniazade, das aventuras em que se misturam o erótico, o grotesco, o lírico, o misterioso, em poções habilmente dosadas, de modo que queremos sempre ir adiante. Dizem os árabes, a propósito, que não se pode ler o livro por inteiro, porque, na verdade, ele tem apenas a 'aparência' de finito, sendo mesmo um desenrolar sem fim de deliciosas narrativas. São estas as que a contadora nos oferece, como um bálsamo para as noites difíceis.

De início, gostaria de levantar a hipótese de que, tendo tantos autores, de épocas e nacionalidades diversas, o livro só mantém certa unidade porque sabemos, de antemão, terem sido aventuras narradas sempre pela mesma voz, a da 'tecelã da noite', como é chamada Sherazade. A multidão de anônimos que preenche o espaço da capa onde deveria estar o nome do autor é corporificada num outro nome, não de fora mas de dentro do próprio livro. Sherazade não é apenas mais uma dentre tantas outras personagens, mas aquela que dá forma, dá vida a essas personagens, criaturas de sonho, conferindo-lhes um passado, um espaço, algumas relações entre elas, de modo que possam no final remeter o leitor a uma obra única, ou melhor, a uma obra criada por um único autor. Não nos interessa saber quem ou quantos de fato contaram oralmente ou por escrito os contos de maravilha, mas apenas saber que, no interior deles, por uma mágica peculiar à própria natureza das histórias, uma personagem está narrando para nós, nos contando histórias, como o fez certa noite, há muitos séculos, a um rei, para salvar a si mesma e às mulheres de seu reino do trágico destino de cada manhã, e para nos salvar, ainda hoje, da monotonia.

Ao executar tal plano, o de contar sempre um pedaço, deixando mais para a noite seguinte, Sherazade não apenas evita a sua e tantas outras mortes como também revela-se mais estratégica do que o próprio rei, soberano cantado em todo o mundo da época exatamente por suas façanhas na guerra, por ser um grande conquistador, como se depreende na sua apresentação ao leitor, logo no primeiro parágrafo da história:

'Shariar era um cavaleiro vigoroso, um conquistador invencível que o fogo não podia consumir, que o braseiro de uma vingança retumbante não podia apaziguar, pronto para reagir à altura todas as vezes que contestavam seus direitos'.

Munida de tal sutileza, de tal habilidade no trato com a palavra, Sherazade ocupa um lugar de poder que poucos homens alcançaram. É uma mulher, ou, melhor dizendo: uma personagem feminina, que assina o grande livro das narrativas do Oriente e do Ocidente, é seu nome que sai de dentro da primeira história e atravessa a capa, indo colar-se onde se espera ler o nome do autor. O nome Sherazade dá ao livro um mínimo de homogeneidade, confere a ele um estilo próprio, condição para ser aceito como obra de reconhecida importância e não apenas uma coletânea vulgar, formada pelo acaso, a partir de elementos completamente díspares. É este nome, portanto, que confere ao *Livro das mil e uma noites* a sua autoridade.

A marca de Sherazade fica estampada em várias histórias do livro, onde vemos situação semelhante à da narrativa inicial: alguém prestes a morrer e salvando-se por saber narrar. Dentre outros, vale lembrar, por exemplo, os episódios de 'O carregador e as damas', nos quais são mostradas três belas jovens a se divertirem com o carregador de compras numa festa regada a frutas nobres, vinho e orgias, a alegria seguindo depois com a chegada de três derviches, todos cegos do olho direito, e ainda o califa e seu auxiliar, disfarçados de mercadores estrangeiros. As moças oferecem a casa e cobrem todas as despesas da reunião, desde que ninguém se atreva a perguntar-lhes nada a respeito do que possam fazer de estranho, e todos concordam com o trato. De uma hora para outra surgem duas cadelas negras, logo chicoteadas à exaustão por uma das mulheres, que depois abraça os animais e chora com eles. Em seguida a mulher mais jovem se despe, mostrando o corpo cheio de cicatrizes e marcas de chicote. Os homens não resistem à curiosidade, como de resto ninguém resiste à curiosidade nas histórias das mil e uma noites e por isso os personagens estão sempre entre a punição e o desejo, querendo sempre ouvir mais uma narrativa reveladora, mesmo que possa lhes custar caro. Os homens se atrevem a perguntar o motivo daqueles acontecimentos estranhos, quebrando assim a promessa de não se intrometerem.

Como castigo àquela impertinência, seis fortes escravos negros saem de portas escondidas, amarram os seis homens e levantam os sabres, prontos a cortar-lhes as cabeças. Nesse momento, o carregador pede para contar sua história, o pedido é aceito e ao final da narrativa é libertado, o mesmo acontecendo com os outros, escapando todos por terem sabido narrar. No dia seguinte, o califa manda chamar as moças, que, por sua vez, só serão perdoadas por seus atos se narrarem suas histórias pessoais, o que fazem com primor, sendo assim absolvidas.

Todos os personagens, o carregador, os três derviches, o califa e seu auxiliar, as três jovens, todos agem como lhes ensinou Sherazade: contar para não morrer. Contar, nas mil e uma noites, é um ato valioso que quase nunca é negado àquele que está para morrer, como se fosse sua última chance de escapar à sentença de morte. Negar tal direito a alguém é a suprema crueldade, às vezes vingada duramente. Veja-se, por exemplo, o caso do médico Dubane, que, às vésperas da execução, pede ao rei dos gregos o tempo apenas de contar-lhe a história do crocodilo, tempo que lhe é negado. Dubane morre mas sua vingança não tarda a chegar: antes de morrer, presenteia o rei com um livro que deverá ser lido no momento em que cortarem a cabeça do médico. Sua cabeça é cortada e mesmo depois de separada do corpo ainda diz ao rei para abrir o livro. O rei obedece, vai folheando o volume com dificuldade, porque as páginas estão um pouco coladas e só começam a ceder quando o rei umedece com a língua a ponta dos dedos e com eles vai descolando folha por folha, devagar, levando sempre os dedos à língua e depois ao papel e de novo à língua, até chegar à sétima página, que estava em branco. A cabeça aconselha-o a continuar folheando, o rei atende e de repente cai ao chão, morto. As folhas do livro estavam envenenadas.

O episódio, retomado, aliás, no primeiro romance do italiano Umberto Eco, *O nome da rosa*, vem confirmar, como o anterior, o das três moças misteriosas, o valor da narração no *Livro das mil e uma noites*. E o contar tem por modelo, como dissemos, a primeira história, a da contadora de histórias Sherazade.

Acredito ser pertinente observar também um aspecto sempre negligenciado pelos estudiosos da obra. O que faz de Sherazade uma narradora confiável? O que impede que o leitor a abandone no decorrer do livro? Poder-se-ia responder à pergunta elencando as conhecidas artimanhas das narrativas, a capacidade de desenhar personagens provocantes, o convite ao imaginário, o entrelaçamento com a linguagem poética, o bem encaminhado jogo de tirar uma história de outra. Mas não é disso que falamos. Dessas armadilhas da sedução utilizadas pela contadora só tomamos conhecimento quando passamos a primeira narrativa e continuamos com a vontade de ler outra, mas há um fato, porém, anterior, colocado em poucas linhas já no início da primeira história, assim que Sherazade nos é mostrada, um fato que serve para autenticar, legitimar a esposa de Shariar como uma narradora respeitável, e assim obter a imprescindível confiança do leitor. Este fato se resume ao seguinte: Sherazade é uma leitora instruída.

Refiro-me à passagem:

> 'Sherazade lera livros e escritos de toda espécie; chegara mesmo a estudar as obras dos sábios e os tratados de medicina. Havia memorizado grande quantidade de poemas e narrativas, decorara os provérbios populares, as sentenças dos filósofos, as máximas dos reis. Não se contentava na verdade em ser inteligente e culta; era-lhe ainda necessário ser instruída e letrada. Quanto aos livros, não os tinha apenas percorrido, mas sim estudado cuidadosamente'.

A narrativa ganha legitimidade pelo fato de a narradora ser apresentada como uma leitora, que não apenas percorre mas verdadeiramente assimila as páginas lidas. Numa das versões, a inglesa, de Lane, consta que Sherazade leu mil volumes de histórias relativas a gerações passadas e reis antigos, e obras de poetas. Ora, as narrativas das mil e uma noites são composições em que se cruzam justamente poemas, provérbios populares, sentenças e máximas, ou seja, exatamente o tipo de textos lidos pela filha do vizir. A própria narradora explicita a relação entre o lido e o narrado quando, na milésima primeira manhã, reúne os filhos que havia gerado com o rei durante esse período e, diante do esposo, pede para ser aliviada do castigo, justificando que se dedicou de corpo e alma a ele, dando-lhe, além de herdeiros, os prazeres da carne e também os do conhecimento, ao narrar-lhe tudo aquilo que viveram naquela terra os que existiram antes de Shariar e Sherazade, ou, noutras palavras: contou-lhe tudo o que já fora contado antes, nos mil livros que lera. Nesse momento do conto, já próximo de seu desfecho, ela assim se dirige ao rei:

'– Ó rei do tempo, ó rei único em sua época e seu século, o senhor sabe que sou sua serva e que durante mil e uma noites lhe transmiti todas as histórias dos que nos precederam nesta terra, todas as exortações dos que viveram antes de nós. Posso, depois disso, prevalecer-me de algum crédito junto a sua senhoria e apresentar um voto ao qual desejo que responda de maneira favorável?'

Por trás dos vários nomes, e dos vários anônimos, que compõem a autoria real do *Livro das mil e uma noites*, surge o nome de Sherazade. E por trás do nome de Sherazadee é preciso ver também outros: os nomes dos livros que ela leu e transformou em narrativas tão engenhosas a ponto de ludibriar a morte. Não se trata, evidentemente, de negar criatividade e talento à famosa personagem, de apresentá-la não mais como a grande narradora, como se fez até então, e dar-lhe agora, apressada e injustamente, o estigma de mera reprodutora de textos alheios. Trata-se de afirmar que suas narrativas estão intimamente associadas a suas leituras, de afirmar que a Sherazade narradora deve muito à Sherazade leitora.

Seria possível, a partir das histórias contadas no livro, mapear alguns dos outros livros entranhados ali, como que alojados no subsolo das páginas, esperando talvez apenas que alguém chegue até eles e os abra? Acredito que sim. Pode ser um trabalho interessante para o pesquisador o de percorrer minuciosamente essas páginas buscando ver, nelas, os nomes não ditos, os nomes dos poetas escondidos sob a fórmula generalizadora 'como disse o poeta', os nomes calados por Sherazade mas certamente ecoando em seus ouvidos quando narra. Pode ser um trabalho reconfortante dar voz a esses nomes. Foi o que tentei fazer aqui, e que apresentamos à apreciação dos senhores logo a seguir. Parti, portanto, de uma ideia: a de reconstruir a biblioteca de Sherazade. Que autores teriam sido colocados ali, que filósofos, poetas, prosadores, quais os textos selecionados, e os trechos preferidos da leitora, suas leituras de paixão e de método? A quem teria recorrido, seria o caso de se perguntar, quando, por exemplo, conta o episódio da bela adolescente Companheira-de-Doce-Linguagem (Anîs al-Djalîs) e seu amado no palácio iluminado do Jardim da Graça, em Bagdá? Como estaria composta esta tão preciosa biblioteca?

Pensemos numa primeira hipótese, a partir mesmo da história inicial: 'A tecelã das noites'.

"Seu livro, senhor", diz a mesma bibliotecária de antes, entregando ao leitor o livro solicitado. Ele agradece, apanha o exemplar, guarda o manuscrito dentro do livro de Marco Polo.

Arruma a mesa, abrindo espaço para o livro que tem agora diante de si. Passa a mão, de leve, sobre a capa, retardando a leitura, cumprindo o ritual. Pensa um pouco sobre o título que o atraíra tanto, antes mesmo de ler o trecho copiado na folha de papel almaço: *Apontamentos sobre a Biblioteca de Sherazade*.

Abre, folheia algumas páginas — não estão coladas, que bom!, sorri, lembrando-se de Dubane —, vai passando os olhos pelos trechos conhecidos, até parar na página que começa com a frase: "Pensemos numa primeira hipótese, a partir mesmo da história inicial: 'A tecelã das noites.'"

Lê.

6

O leitor e a morte

Famas são metódicos, prudentes, equilibrados e praticam a filantropia. Quando viajam, dividem as tarefas com precisão: um pesquisa os preços dos hotéis, a qualidade dos lençóis e a cor dos tapetes. Outro fama vai à delegacia e lavra um documento com a lista dos imóveis e o conteúdo da mala de cada um deles. Um terceiro vai ao hospital e copia os nomes dos médicos de plantão e suas especializações. Sentem pena dos cronópios, pobrezinhos, tão desajeitados. Apesar de tudo, os famas gostam de dançar catala.

Esperanças estão sempre alerta. Vigiam tudo, controlam tudo. São sedentárias, são como as estátuas, que é preciso ir ver porque elas não vêm até nós. São fortes, chatas, perigosas. Também dançam, mas não catala, e sim outra dança, chamada espera.

Cronópios são cronópios. Quando cantam, se esquecem de tudo e são atropelados, perdem o endereço de casa, o que levam no bolso, não sabem mais que horas são ou mesmo em que mês estamos. Sobrevoam o cotidiano com uma lógica toda própria, achando felicidade em comprar duas linhas, mas uma azul, na liquidação de uma loja e depois protegê-las cuidadosamente da chuva pegando carona no automóvel de um fama.

Cronópios, esperanças e famas são os seres criados por Cortázar em *Histórias de cronópios e de famas*. Por que as esperanças não aparecem no título?

Dos vários fragmentos que compõem o livro, destaco "O almoço":

Com muito trabalho um cronópio conseguiu construir um termômetro de vidas. Alguma coisa entre termômetro e topômetro, entre fichário e curriculum vitae.
Por exemplo, o cronópio recebia em sua casa um fama, uma esperança e um professor de línguas. Aplicando suas descobertas, estabeleceu que o fama era infravida, a esperança paravida e o professor de línguas intervida. Quanto a ele próprio, considerava-se ligeiramente supervida, mais por poesia que por verdade.
Na hora do almoço esse cronópio se divertia ouvindo os seus convidados falarem, porque todos achavam que estavam se referindo às mesmas coisas e não era assim. A intervida manejava abstrações tais como espírito e consciência, que a paravida ouvia como quem ouve chover – tarefa delicada. É evidente que a infravida pedia a todo momento queijo ralado e a supervida trinchava o frango em quarenta e dois movimentos, método Stanley Fitzsimmons.
Na sobremesa, as vidas se cumprimentavam e iam às suas ocupações, e na mesa ficavam apenas pedacinhos soltos da morte.
(p. 124)

Morte do texto: ter vários leitores e não ser lido. Babel, vozes errando ouvidos. Silêncio.

O leitor e a morte

Longe da cidade, entregue apenas aos afazeres da roça, a menina Pingo d'Água, personagem do conto "A colcha de retalhos", de Monteiro Lobato, mais parece bicho ou planta. Pouco fala, os olhos sempre baixos, quase pedindo desculpas por estar no mundo. Para os pais de Pingo d'Água, prevalece o ditado: mulher na roça vai à vila três vezes — uma a batizar, outra a casar, terceira a enterrar.

A menina é a riqueza da família. Pai, mãe e avó parecem viver em função dela, esperando que se case logo e fique livre daquela vida estagnada e miserável de uma fazenda em decadência, com o pomar maltratado, a casa em ruínas, tudo em volta lembrando pobreza e afastando qualquer promessa de futuro.

Talvez, além de Pingo d'Água, reste naquele cenário podre apenas uma coisa digna de valor: a colcha de retalhos que a avó Joaquina tece para sua neta:

> — (...) É uma colcha de retalhos que venho fazendo há quatorze anos, des'que Pingo nasceu. Dos vestidinhos dela vou guardando cada retalho que sobeja e um dia os coso. (p. 40)

Tecida no tempo, a colcha é pura memória. Guarda nos retalhos a primeira camiseta, o vestido azul de listras que a madrinha lhe deu aos três anos, o vermelho de rosinhas que vestia quando caiu na pedra do córrego e furou o queixo, deixando marca. Traz aquele outro, o vestido xadrez dos seus sete anos, parecia uma mulherzinha!, e o de argolas roxas em fundo branco, quando já aprendia a cozinhar, e o cor de batata, de quando pegou sarampo e passava a noite a ouvir as histórias que a avó lhe contava.

É um livro de registro, mas não um livro frio, biografia de cartório, é texto vivo, caloroso, aconchegante colcha de retalhos feita por uma avó. É como um álbum de fotografias diferente, onde as imagens não podem ser identificadas senão por aquela que as produziu. Dona de seu próprio código, a velha Joaquina lê:

> – (...) Ninguém imagina o que é para mim esta prenda. Cada retalho tem sua história e me lembra um vestidinho de Pingo d'Água. Aqui leio a vidinha dela des'que nasceu. (p. 42)

O texto tecido por Joaquina prevê um final feliz. O último retalho da colcha virá, diz a avó, do vestido de noiva de Pingo d'Água. A colcha é um romance de folhetim, e sua autora sonha com o dia de colocar nele um ponto final, podendo então descansar na sensação de tarefa pronta, de história bem costurada.

A meiga e introvertida Pingo d'Água, porém, até então dócil personagem, acaba por rebelar-se contra sua autora. Antes de completar dezesseis anos, foge para a cidade com o filho de um sitiante vizinho, para surpresa de todos. De sonsa não tinha nada, disseram depois.

O texto foge ao controle. Agora, sem o retalho que esperava costurar como arremate de seu romance, a colcha é pura falta. Já no fim da vida, a velha Joaquina experimenta a força do acaso, que acompanha feito fantasma a elaboração de uma narrativa.

Tecer não lhe interessa mais, ler muito menos. Sua última leitura da colcha é uma leitura difícil. A memória, antes generosa, agora invade o texto como uma lâmina. O corte é inevitável.

Resta dar ao texto uma outra serventia:

> – Ia ser o meu presente de noivado. Deus não quis. Será agora a minha mortalha. Já pedi que me enterrassem com ela. (p. 44)

O texto se transforma: de prazer pela vida passa a ser texto de morte. E morto, porque sem leitor.

A imagem da colcha como mortalha representaria com perfeição o que de fato aconteceu em todos esses anos: Joaquina é não apenas a autora como também a única leitora de seu romance inacabado. Só ela, reconstruindo pela memória a vida da neta desde que nasceu, pôde ler a inacabada história que escreveu. Agora, leitora, colcha e tecelã caminham juntas para o fim, para o espaço onde não se lê.

Mas nem mesmo essa dolorosa imagem de comunhão se concretiza, porque, morrendo um mês depois da fuga da neta, os parentes enterram a velha Joaquina. Sem a colcha.

O leitor vidente

Em *As cidades invisíveis*, Marco Polo e os outros embaixadores descrevem para Kublai Khan as cidades que este conquistara e nem sequer conhecia, tamanha era a grandeza do império. O grande imperador mongol, porém, já não se emociona ou se envaidece com o relato das conquistas, vive agora outra sensação, perigosa: "aquele momento na vida dos imperadores que se segue ao orgulho pela imensa amplitude dos territórios que conquistamos, à melancolia e ao alívio de saber que em breve desistiremos de conhecê-los e compreendê-los, uma sensação de vazio que surge ao calar da noite." (p. 9)

Momento em que se percebe que o triunfo sobre os adversários traz como prêmio não os tesouros conquistados mas as ruínas que os inimigos carregavam para onde fossem. Era apenas nos relatos de Marco Polo, em suas narrativas de terras e lendas, construindo cidades de palavras, que o Khan "conseguia discernir, através das muralhas e das torres destinadas a desmoronar, a filigrana de um desenho tão fino a ponto de evitar as mordidas dos cupins." (p. 10)

Os relatos de Marco Polo, no entanto, diferem dos relatos dos demais embaixadores do Grão-Khan. Marco descreve não as cidades do império *real*, as cidades de ruas, casas, rios, pessoas que o valoroso exército do Khan conquistou, mas as cidades que o imaginário do viajante vai criando, como Zemrude, cuja forma se modifica de acordo com o humor daquele que a visita.

Marco, no início, desconhecia a língua falada pelo Khan, e o diálogo entre os dois era puro decifrar de imagens, de signos cuja chave de interpretação só podia ser descoberta no próprio correr do diálogo:

> Recém-chegado e ignorando completamente as línguas do Levante, Marco Polo não podia se exprimir de outra maneira senão com

gestos, saltos, gritos de maravilha e de horror, latidos e vozes de animais, ou com objetos que ia extraindo dos alforjes: plumas de avestruz, zarabatanas e quartzos, que dispunha diante de si como peças de xadrez. Ao retornar das missões designadas por Kublai, o engenhoso estrangeiro improvisava pantomimas que o soberano precisava interpretar: uma cidade era assinalada pelo salto de um peixe que escapava do bico de um cormorão para cair numa rede, outra cidade por um homem nu que atravessava o fogo sem se queimar, uma terceira por um crânio que mordia entre os dentes verdes de mofo uma pérola alva e redonda. O Grão-Khan decifrava os símbolos, porém a relação entre estes e os lugares visitados restava incerta: nunca se sabia se Marco queria representar uma aventura ocorrida durante a viagem, uma façanha do fundador da cidade, a profecia de um astrólogo, um rébus ou uma charada para indicar um nome. Mas, fosse evidente ou obscuro, tudo o que Marco mostrava tinha o poder dos emblemas, que uma vez vistos não podem ser esquecidos ou confundidos. Na mente do Khan, o império correspondia a um deserto de dados lábeis e intercambiáveis, como grãos de areia que formavam, para cada cidade e província, as figuras evocadas pelos logogrifos do veneziano. (pp. 25-26)

 Kublai Khan já se acostumara a ouvir relatos em línguas que desconhecia. Seus embaixadores eram persas, armênios, sírios, coptas, turcomanos, e lhe relatavam em línguas desconhecidas notícias que eles próprios ouviram em línguas que também desconheciam. Kublai sabia da importância dessa aparente confusão, do poder de ser estrangeiro: "o imperador é aquele que é estrangeiro para cada um de seus súditos." (p. 25)
 Mas sabia também decifrar, no meio desses ruídos todos, as cifras arrecadadas pelo fisco imperial, os nomes e os patronímicos dos funcionários depostos e decapitados, as dimensões dos canais de irrigação.
 Dentre as diversas possibilidades de interpretação desses relatos, Kublai *optava* por aquelas que mais lhe interessavam como administrador de um grande império.

Quando se tratava, porém, das narrativas de Marco Polo, o diálogo era outro. Aí, Kublai buscava não cifras, mas emblemas, símbolos, com os quais montava seu império invisível, o único que, àquela altura, realmente lhe interessava.

Ouvindo o jovem Marco, Kublai Khan deixa de ser o imperador que se preocupa em manter o seu império e passa a ser de novo um conquistador. É só através da compreensão do que o outro lhe diz com gestos, saltos, gritos, objetos que ele poderá conquistar as cidades que Marco vai construindo à sua frente e lhe oferecendo, não como dádiva, mas como desafio. Ou, numa fórmula mais exata, como um desafio que, no fundo, é uma dádiva, um prazer, o único capaz de evitar as mordidas dos cupins.

Kublain Khan é um leitor. Leitor não de palavras — pelo menos nesse momento, porque mais tarde Polo aprende a língua tártara e passa a se comunicar através dela e de idiomas e dialetos de nações e tribos —, mas de imagens.

É tentando decifrar cada uma dessas imagens, estabelecer as relações entre umas e outras, e entre elas e os lugares descritos, que o Khan vai montando seu texto, sua leitura do império, do *seu* império. E *seu* não porque o tenha conquistado antes, com seus exércitos, mas porque o está conquistando agora, naquele momento em que monta a sua leitura, sempre única, da história que Marco Polo está contando.

A narrativa de Marco seduz o grande Khan porque lhe oferece não o que o imperador já possui, como fazem os outros embaixadores, mas aquilo que Kublai Khan precisa possuir. Marco lança o desafio: ver as cidades invisíveis.

Por seu lado, o Khan obtém suas conquistas à medida que investe em seu próprio imaginário, traçando ele mesmo a arquitetura das cidades apenas sugerida pelo viajante veneziano. Cidades que só ele, imperador, pode ver. A cada leitor sua leitura, seu império em construção.

(O leitor e o nome)

Caminhando pelas ruas de Vila Isabel, no Rio de Janeiro, o leitor se depara com uma pequena loja de consertar sapatos. Atrás do balcão, um homem bate o martelo no salto de um sapato velho. Atrás do homem, entre calçados de vários tipos e pedaços de couro pendurados, uma placa de madeira, na qual se lê: Clínica Sapatológica.

O leitor para diante da placa por instantes, pensativo. Logo depois senta-se à mesa de um bar em frente, na calçada, à sombra. É de tarde, poucos clientes, pouca gente na rua estreita, e o leitor lança novamente seu olhar para aquelas duas palavras.

A tabuleta não passa impunemente diante de seus olhos. Ele pensa no poder do nome. Consertar sapatos, profissão de pouco *status*, recebe, com os dizeres colocados em destaque, à vista de todos, uma nova tintura. De atividade considerada menor transforma-se em profissão nobre: o modesto cômodo vira uma clínica, o sapateiro agora é doutor.

Ele conserta como quem cura. Cirurgião de sapatos, abre, alinhava, costura, compenetrado em sua missão. Diante de uma sandália caindo aos pedaços, concentra-se, fazendo da salvadora meia-sola um prolongamento da vida.

O leitor observa o trabalho do outro e de repente seus olhos registram a cena: num rápido instante, um pedaço de couro é alcançado. Nas mãos rápidas e habilidosas do homem, em poucos minutos o pedaço de couro é preparado e colado com precisão no calcanhar de um surrado mocassim. Pronto, conclui o leitor: fez-se o implante.

O sapateiro está sozinho ali. Não tem sócios nem empregados. No entanto, é dono de uma clínica. Não se lê: Consultório do Dr. Fulano, Sapateiro. Nada disso, trata-se de algo maior, uma *clínica*, o nome sugerindo uma complexa rede formada por secretárias, *office-boys*, representantes de laboratórios, clientes esperando nos sofás, rede que se entrelaça com telefones, computadores, fax, envelopes contendo exames confidenciais, tudo a serviço de uma competente equipe de doutores sapatológicos.

Para se chegar ao sapateiro, parece dizer a placa, poderosa em sua magia, é preciso marcar consulta.

Sobre a placa, a autoridade divina referenda a autoridade terrena: uma bela imagem de São Jorge, protegendo as mãos e iluminando os olhos do cirurgião.

Na mansidão da tarde, sozinho em seu canto, entre couros, colas, pregos, martelos, sapatos, o sapateiro é, mais que dono de seu ofício, senhor de um segredo: o segredo do nome.

Na memória do leitor surge o retrato de outra tarde, quando vinha de ônibus pela Avenida Presidente Vargas, na direção da Praça da Bandeira. Distraído, olhou pela janela e à sua direita viu um prédio abandonado, em ruínas. Um prédio de dois andares, um velho sobrado.

Já havia passado por ali diversas vezes, já havia percebido o sobrado, mas dessa vez seus olhos captaram uma novidade. No alto, em letras grandes e desenhadas mas pouco visíveis devido à deterioração provocada pelo tempo, lia-se: Casa das Letras.

Essa outra tarde desenhou-se em sua memória muitos anos antes da anterior, a da Clínica Sapatológica. Era ainda bem jovem e foi para casa pensando nas delícias que aquelas três palavras cravadas numa parede em ruínas prometiam a ele.

Talvez, pensava o leitor em seu travesseiro, altas horas da noite, fosse um lugar de encontro, abandonado há décadas, onde se reuniam os poetas da cidade, uma espécie de academia e bordel, uma casa de poetas, aconchegante como uma casa, quem sabe, mas agitada, efervescente, cheia de luzes na madrugada.

Em seu delírio, situava a casa nos anos 20, sem saber que nessa época a avenida nem tinha sido construída. Via claramente as mulheres, os homens, poemas sendo recitados, o álcool, amores nascendo e morrendo ali, entre palavras enganosas, promessas, flores e lenços, acordes ao piano.

Maravilhou-se ainda alguns dias, antes de voltar ao local e se informar. O sobrado era originalmente uma pequena fábrica, verdadeiramente *caseira*, de fazer letras de metal para fachadas, placas comemorativas, estátuas, nomes de edifícios.

No bar, diante da Clínica Sapatológica, a imaginação do leitor adulto o faz se encontrar com o leitor jovem. O primeiro se admira da expressão de desânimo no rosto do segundo quando ouviu aquilo: uma fábrica de letras de metal.

Hoje, no entanto, o leitor não está para frustrações e se distrai pensando: o que é uma Casa das Letras? Uma casa, obviamente, onde as letras moram. Não esta ou aquela letra, não se trata da casa de *certas* letras, mas da casa *das* letras, quer dizer, de todas elas.

E se todas moram ali, da primeira à última, deduz, maravilhado como um menino, estão ali também todas as palavras. Aquele pequeno sobrado em ruínas guarda tudo o que já foi escrito e, potencialmente, tudo o que será, guarda os rascunhos dos grandes livros, as descobertas, os equívocos.

Na Casa das Letras moram a palavra *dor* e a palavra *êxtase*, e o sentimento de dor ou de êxtase de quem lida com as palavras, por prazer ou por ofício, ou, como todos, por necessidade. Moram os discursos das academias, as mais puras e as mais maliciosas declarações de amor, o grito no meio da noite, o sussurro, as verdades dos bêbados, a onomatopeia das ondas do mar batendo com força na praia e, quieta num canto, entre letras pesadas, mora a palavra *silêncio*.

Na Casa das Letras, ele se pergunta, onde dormem as palavras *casa*, *das* e *letras*?

A casa é limitada mas parece que não, pensa o leitor. Entre quatro paredes, chão e teto são traçados todos os limites e transgressões possíveis, tantos que parecem infinitos. Pelo jogo das possibilidades, pelo mistério das combinações, cabe na Casa das Letras o próprio sonho do leitor jovem, transformado em palavras.

Pela avenida passam diariamente ônibus lotados, carros, motos, caminhões, pessoas aos milhares, sem perceber que tudo o que disseram e dirão até o fim da vida repousa ali, na inocente, esquecida fábrica de letras.

Estão ali, fala o leitor consigo mesmo, as palavras escritas na tabuleta do sapateiro, agora à sua frente.

O leitor caminha muito pela cidade e sua memória mais ainda. A esta lembrança segue-se outra, a de uma peixaria de um português, instalada numa pequena porta no bairro do Catumbi. Entre a descoberta da Clínica Sapatológica e a da Casa das Letras, ele um dia se viu diante daquela porta de metal pintada de azul-marinho, desbotada, meio torta, mais escondendo que mostrando seu interior.

Supôs que era uma peixaria apenas porque vira uma senhora saindo dali com um saco plástico cheio de sardinhas e, curioso, resolveu entrar. No ambiente escuro, pobre, um balcão de alumínio. No canto, ao fundo, um velho sentado numa cadeira, cochilando, o avental cheio de manchas. No alto da parede, em letras pequenas pintadas à mão, o leitor viu: Peixaria Oceano Atlântico.

Quis, num primeiro momento, acordar o velho, perguntar coisas, saber. Pensou num pretexto para puxar conversa, comprar um peixe, saber como se preparava, até começar as perguntas que lhe interessavam, até chegar no nome. Desistiu, encantado ainda com o que lera na parede, e saiu dali sem dizer nada, com uma palavra ecoando em seus ouvidos: pérola.

Era essa a palavra que lhe vinha agora, no bar em Vila Isabel. A pérola do nome.

Se na Casa das Letras moravam todas as palavras, inclusive as escolhidas pelo dono da peixaria para registrar seu espaço no comércio da cidade, no minúsculo cômodo do Catumbi nadavam polvos, lulas, dourados, anchovas, entre algas, pedras, corais. Cabiam ali imensos transatlânticos, pequenos barcos de pesca, navios naufragados e uma imensidão de tesouros escondidos.

Pela porta azul entravam caravelas de um antigo império. Sua terra, tão distante, navegava até ele através do oceano, como antes os conquistadores, e entrava pela porta empenada de sua gloriosa peixaria. Portugal era o oceano e o oceano estava todo ali, dele. E ele, com seu avental imundo, dormia como dorme um rei.

Sonhava?

Era nisso que o leitor pensava, no possível sonho daquele rei, quando saiu da peixaria. À sua frente, os muros altos do presídio da Frei Caneca surgiam como um doloroso contraste.

O calor insuportável daquela tarde de verão parecia vir de todos os lados, da fumaça e do barulho da rua movimentada, das casas onde o sol batia e voltava como labaredas e rebentava nos muros do presídio. Lá dentro, entre as grades de uma cela, o suor penetrando a pele, alguém dormia sonhando com o mar?

Talvez, pensava o leitor, em pé diante do presídio da Frei Caneca, talvez lá dentro alguém saiba da existência dessa peixaria e nesse momento evoque o nome Oceano Atlântico como se entoasse uma prece. Todas as praias e a imensidão das águas chegando até ele pela mágica do nome. Um barco no meio do oceano, a liberdade, ainda que imaginada.

O leitor não sabe o sonho do velho. E o velho certamente não sabe quantos sonhos pode ter provocado com aquelas três palavras mal desenhadas na parede dos fundos de sua peixaria.

É da imagem do velho que o leitor se lembra agora, enquanto toma um gole de cerveja, em homenagem ao calor daquela e dessa tarde. Vive um daqueles momentos de puro relaxamento, o corpo meio no abandono, solto na cadeira, as pernas esticadas, cruzadas uma sobre a outra debaixo da mesa, um jornal descansando num canto.

A sombra de uma amendoeira convida ao cochilo mas o leitor não dorme. Confortável, sentado à mesa como se estivesse em casa, observa as pessoas passando e imagina histórias, transformando gente em personagem, inventando geografias. Dá-se o pequeno luxo de estar ali, àquela hora da tarde, lendo, bem à toa mesmo, vivendo sua felicidade silenciosa.

Passa um grupo de estudantes, de uniforme, apressados, passa um homem de terno, um velho empurrando com esforço a carrocinha de pipoca, uma mulher bonita e descalça. Passa uma bicicleta azul marinho e sobre ela um menino vê rapidamente as horas no relógio de pulso.

Será que agora, em algum lugar da cidade, pensa o leitor, alguém também para e observa alguém? Alguém, nesse exato momento, observa na rua alguma coisa parecida com clínica sapatológica, casa das letras, peixaria oceano atlântico?

O leitor deixa de olhar a rua por instantes, cabisbaixo. Fixa os olhos numa pequena rachadura na calçada durante alguns minutos, mas é como se não visse nada. Olha por olhar, parece cansado. São quase seis horas e um raio de sol atravessa o copo, formando reflexos alaranjados.

Se levantasse os olhos, o leitor poderia ver o desenho que o sol fazia no copo e poderia ver também, do outro lado da rua, que o sapateiro parou de trabalhar, saiu de trás do balcão e foi sentar no meio-fio. Perceberia que, nesse mesmo instante em que mantém a cabeça baixa, os olhos no chão, do outro lado da rua o sapateiro, sentado no meio-fio, está olhando para ele, pensativo.

(O leitor e o nome)

Alta madrugada e o leitor está sem sono. Caminha até a estante e pega um livro: *Ficções*, de Borges. Leu o livro pela primeira vez há muito tempo, e agora decide reler, sem saber por quê. Abre o índice e seus olhos se fixam no título de um dos contos: "As ruínas circulares".

Lembra-se vagamente de que alguma coisa o incomodara nesse conto quando o leu pela primeira vez. Abre o livro na página inicial da história e, de repente, lhe vem inteira a lembrança daquilo que lhe deixara uma sensação de mal-estar: a epígrafe, retirada do livro de Lewis Carroll, *Alice através do espelho*:

"And if he left off dreaming about you..."
Through the Looking-Glass, VI.

"E se ele deixasse de sonhar com você...", traduz o leitor, em voz alta.

Começa a reler o conto de Borges e vê a chegada do velho, vindo do Sul em sua canoa, sozinho no rio e na noite, vê seu desembarque, sua difícil caminhada por entre pedras, escarpas, pântanos, até chegar ao recinto circular, um antigo templo agora em ruínas, onde, em épocas remotas, se adorava o Fogo.

Confortável em sua poltrona, um cobertor cobrindo as pernas apoiadas em almofadas, o leitor de novo toma conhecimento do insólito projeto do personagem: "O objetivo que o guiava não era impossível, ainda que sobrenatural. Queria sonhar um homem: queria sonhá-lo com integridade minuciosa e impô-lo à realidade."

Sonhar um homem, seu corpo, seu rosto, e fazê-lo em seguida virar real. Nesse momento, sem nenhum esforço, chega à memória do leitor o final do conto e ele sente um arrepio – uma frase sai de sua boca, varando o silêncio da casa deserta: "o sonho e o destino do velho: tudo o que há."

Vira a página e acompanha o esforço do sábio nas ruínas, suas tentativas frustradas, até receber enfim, num dos sonhos, a visita do deus Fogo, na figura de uma estátua, a dizer-lhe que ficasse tranquilo, teria êxito, e que no futuro apenas os dois, o velho sábio e o deus, saberiam que o homem real não havia nascido como os outros homens, que era um simulacro, o fruto de um sonho.

O leitor procura uma posição melhor na poltrona, ajeita o corpo como se estivesse se preparando para ler o trecho em que o velho sonha com um coração pulsando, ativo, caloroso, secreto. Com amor, com *minucioso amor*, o velho sonha o coração durante catorze noites seguidas, até que, aos poucos, ao coração vão se juntando outros órgãos, e esqueleto, e pele, e pelos.

Pronto, lá estava ele: o homem sonhado. O velho passa então a transmitir-lhe, ainda em sonho, toda a sua sabedoria. A hora de dormir antecedia a felicidade. Fechava os olhos e pensava: "O filho que gerei me espera e não existirá se eu não for."

O período de aprendizagem dura dois anos, ao fim dos quais o velho beija seu filho pela primeira vez e o encaminha a outro templo, rio abaixo, distante, entre léguas de selva e pântano. Antes, porém, transmite-lhe o esquecimento, de modo que não venha nunca a saber que foi sonhado.

Segue a narrativa e o leitor já se prepara para o final. Lê com certa avidez as passagens em que o narrador fala do tédio que se apossou do velho depois de saber que seu filho não estava mais com ele, ou em que mostra os dois remadores que o acordam numa noite escura e lhe falam da existência de um homem mágico, num templo do Norte, capaz de atravessar as chamas sem se queimar, sabendo que se trata de seu filho, protegido do Fogo.

E se o filho descobrisse que tinha nascido de um sonho? Que humilhação, pensa o velho, que vertigem não ser um homem mas apenas o sonho de outro homem. O leitor vê, já quase no final da história, o incêndio alastrar-se pelas ruínas. Vê o velho pensando em refugiar-se nas águas mas logo depois desistindo ao compreender que a morte vinha como um presente, um alívio, caminhando então, decidido, na direção do incêndio.

O leitor lê as últimas linhas do conto, quando o velho se entrega às labaredas: "Caminhou contra as línguas de fogo. Estas não morderam sua carne, estas o acariciaram e o inundaram sem calor e sem combustão. Com alívio, com humilhação, com terror, compreendeu que ele também era uma aparência, que outro o estava sonhando."

Com o livro aberto sobre os joelhos, o leitor olha pela janela, a chuva fina caindo lá fora. Imagina como seria o mundo se mais pessoas inventassem histórias como a que acabou de reler, e mais pessoas gostassem de histórias como essa. E soubessem entender o que é estar assim, àquela hora da madrugada, vendo a chuva escorrer pelo vidro da janela, e se deixar levar, soltar o corpo num puro abandono, pensando ainda no que sobrou do sonho de um sonho.

Alguns minutos depois o leitor retoma o livro de Borges e se lembra de que, ao ler pela primeira vez "As ruínas circulares", buscou na estante o livro de Lewis Carroll para confirmar uma suposição: no capítulo VI, onde Alice se encontra com Humpty Dumpty, não há uma frase sequer parecida com a citada por Borges na epígrafe de sua narrativa.

Levanta-se, pega na estante o livro de Carroll, relê o capítulo VI e constata que estava certo. No diálogo de Alice com Humpty Dumpty não aparece a frase "E se ele deixasse de sonhar com você...".

Naquela época estava ocupado com outras coisas e preferiu não levar adiante a dúvida que o incomodara. Agora, porém, nessa madrugada de insônia, investigar o caso lhe parece um convite irrecusável. Retira da estante as edições originais, além de outros livros.

Senta-se à mesa, acende o abajur. Na penumbra, no silêncio e no aconchego de sua biblioteca, ele se lança ao jogo.

•

Eis o leitor. Já é quase de manhã e ele passou em claro as últimas horas da madrugada, se inventando como detetive, cotejando edições de *Alice* e *Ficções*, consultando ensaios sobre Carroll e Borges, lendo e relendo outros contos, seguindo pistas, sem pressa, à procura da decifração do enigma contido na epígrafe de "As ruínas circulares".

Havia uma forma mais prática de descobrir e ele sabia disso: bastaria reler todo o livro de Carroll, e não apenas o capítulo VI. O leitor tem consciência dessa saída fácil, mas prefere caminhos tortuosos, quem sabe se sentindo meio Menard.

Agora o vemos na sala, de pé. Tem à sua frente um velho espelho de forma arredondada, emoldurado por figuras exóticas de animais híbridos esculpidas na madeira. Herança deixada pelo pai do leitor, o espelho parece acumular a história de outras gerações. Meu avô, meu pai teriam se olhado nele de madrugada, como eu nesse momento?, se pergunta o leitor. Quem sabe. Só de uma coisa temos certeza: o velho espelho arredondado será a única testemunha do que está prestes a acontecer.

O relógio de parede bate seis vezes, lembrando que o mundo lá fora não parou, que é preciso tomar banho, fazer a barba, vestir uma roupa, tomar café, sair de casa. Que é preciso abandonar a aventura e disfarçar as olheiras que vê agora refletidas na imagem diante dele.

Já vou, diz consigo mesmo, já vou, mas antes é preciso acabar com isso, ir até o fim, ter um mínimo de dignidade.

O leitor parece ter chegado ao segredo e abre o livro de Borges na página onde se encontra a epígrafe. Coloca o livro, aberto nessa página, à frente do espelho: o número romano VI se transforma em IV.

•

Senta-se no chão da sala, agora com o livro de Carroll. Abre no capítulo IV. Lê:

– Ele está sonhando agora – disse Tweedledee, batendo palmas triunfantemente. – E se ele deixasse de sonhar com você, onde é que você acha que estaria?
– Aqui, no mesmo lugar, é claro – disse Alice.
– Nada disso! – replicou Tweedledee com desdém. – Você não estaria em lugar nenhum. Pois você é apenas uma espécie de imagem no sonho dele!
– Se o rei acordasse – acrescentou Tweedledum – você se apagaria – puff! – como a chama de uma vela!
– É mentira – exclamou Alice indignada. – Além disso, se **eu** sou apenas uma espécie de imagem no sonho dele, o que é que **vocês** são, hein? Gostaria de saber.
– Idem – disse Tweedledum.
– Idem, idem! – gritou Tweedledee.
Gritou tão alto que Alice não pôde deixar de dizer: – Psst! Cuidado que você vai acordá-lo, se fizer tanto barulho.
– Como é que pode falar em acordá-lo – disse Tweedledum – se você não é mais do que uma imagem dentro do sonho dele? É inútil. Você sabe muito bem que **você** não é real.
– Eu **sou** real sim! – disse Alice, e começou a chorar.
– Não é chorando que você vai ficar mais real – observou Tweedledee. – Além disso, não vejo por que chorar.
– Se eu não fosse real – respondeu Alice, meio rindo entre as lágrimas, porque aquilo tudo parecia tão ridículo – não seria capaz de chorar.

— Espero que você não esteja pensando que essas lágrimas são reais, ou está? – interrompeu Tweedledum em tom de grande desprezo.

O relógio insiste no chamado. O leitor se levanta e, antes de começar a se preparar para o trabalho, olha por instantes para o espelho, se perguntando se outros antes dele teriam vivido experiência semelhante, tão simples, tão íntima como a descoberta de um pequeno segredo, como, por exemplo, uma imagem criada por um cego argentino. Um segredo para ser desvendado no espelho é sem dúvida um presente – presente de escritor.

Descobrir é dar um nome, ele pensa. É encontrar a palavra certa, o nome justo para dar forma àquilo que até então era sensação pura, fantasma. Descobrir é como inventar um poema, uma história, nomear. Foi isso o que fez nas últimas horas, atravessando a madrugada, na solidão e no silêncio: dar um nome.

O leitor continua ali ainda um pouco, de pé, os braços estendidos ao longo do corpo, a mão direita segurando os livros. Pensa no que o espera lá fora, no mundo de fora dos livros, onde as coisas têm outros nomes. Procura se concentrar agora nesse outro mundo, preparar-se para entrar nele, sem saber que sua preocupação é inútil porque jamais chegará a sair de casa, sequer sairá da sala, que permanecerá para sempre aí onde está, diante deste espelho, neste cenário, onde acabo de sonhá-lo.

Na composição deste livro, retomei alguns textos que já havia publicado antes, em *Entre o cristal e a chama: ensaios sobre o leitor* (2001), e que foram revisados e reescritos. A eles, foram acrescentados textos originais, em especial na primeira parte, com os depoimentos do leitor e uma série de outros fragmentos.

Muitos amigos colaboraram, de formas diversas, na criação do livro. Gostaria de agradecer a Lenivaldo Gomes, Adriana Lisboa, Italo Moriconi, Ivo Barbieri, Vera Follain, Marília Rothier Cardoso, Heidrun Krieger, Dau Bastos, Miguel Falbo, Mariano David, Renato Cordeiro Gomes, Mary Kimiko Murashima, Wilberth Salgueiro.

Em especial, agradeço a Eliana Yunes.

BIBLIOGRAFIA

Amadis de Gaula. Ed. Juan Manuel Cacho Blecua. Madri: Ediciones Cátedra, 1996.

As mil e uma noites. Texto estabelecido a partir dos manuscritos originais por René R. Khawan. Trad. Rolando Roque da Silva. São Paulo: Brasiliense, 1991.

ASSIS, Machado de. "Uns braços" e "A cartomante", in: *Obra completa*. Vol. II. Rio de Janeiro: Nova Aguilar, 1994.

AUSTER, Paul. *Cidade de vidro*, in: *A trilogia de Nova York*. Trad. Rubens Figueiredo. São Paulo: Companhia das Letras, 1999.

BARTHES, Roland. *O prazer do texto*. Trad. J. Ginsburg. São Paulo: Perspectiva, 1977.

_____. *Fragmentos de um discurso amoroso*. 5ª ed. Trad. Hortênsia dos Santos. Rio de Janeiro: Francisco Alves, 1985.

_____. "Da leitura", in: *O rumor da língua*. Trad. Mário Laranjeira. São Paulo: Brasiliense, 1988.

_____. "A mensagem fotográfica", in: *O óbvio e o obtuso*. Trad. Léa Novaes. Rio de Janeiro: Nova Fronteira, 1990.

_____. *Aula*. Trad. Leyla Perrone-Moisés. São Paulo: Cultrix, s.d.

BENJAMIN, Walter. "Experiência e pobreza", in: *Magia e técnica, arte e política*. 3ª ed. Trad. Sérgio Paulo Rouanet. São Paulo: Brasiliense, 1987.

_____. *Charles Baudelaire: um lírico no auge do capitalismo*. Trad. José Carlos Martins Barbosa e Hemerson Alves Baptista. São Paulo: Brasiliense, 1989.

BLANCHOT, Maurice. *Le livre à venir*. Paris: Gallimard, 1959.

_____. *O espaço literário*. Trad. Álvaro Cabral. Rio de Janeiro: Rocco, 1987.

BLIKSTEIN, Isidoro. "Semiótica: uma ciência de... detetives", in: *Revista USP*, 16: Dossiê palavra/imagem. São Paulo: USP, dez/jan/fev 1992-93.

BOILEAU, Pierre & NARCEJAC, Thomas. *O romance policial*. Trad. Valter Kehdi. São Paulo: Ática, 1991.

BORGES, Jorge Luis. "Os tradutores das *1001 noites*", in: *História da eternidade*. Trad. Carmen Cirne Lima. Porto Alegre-Rio de Janeiro: Globo, 1982.

_____. "Pierre Menard, autor do Quixote", "A biblioteca de Babel" e "Funes, o memorioso", in: *Ficções*. 4ª ed. Trad. Carlos Nejar. Porto Alegre/Rio de Janeiro: Globo, 1986.

_____. *Fervor de Buenos Aires*, in: *Obras completas*, vol. 1. Barcelona: Emecé Editores, 1996.

BRADBURY, Ray. *Fahrenheit 451*. Trad. Donaldson M. Garschagen. São Paulo: Melhoramentos, 1985.

CALVINO, Italo. "Exatidão", in: *Seis propostas para o próximo milênio*. Trad. Ivo Barroso. São Paulo: Companhia das Letras, 1991.

_____. *As cidades invisíveis*. Trad. Diogo Mainardi. São Paulo: Companhia das Letras, 1991.

_____. "A aventura de um leitor", in: *Os amores difíceis*. Trad. Raquel Ramalhete. São Paulo: Companhia das Letras, 1993.

_____. *O cavaleiro inexistente*. Trad. Nilson Moulin. São Paulo: Companhia das Letras, 1993.

_____. *Por que ler os clássicos*. Trad. Nilson Moulin. São Paulo: Companhia das Letras, 1993.

_____. *Palomar*. Trad. Ivo Barroso. São Paulo: Companhia das Letras, 1994.

CARRIÈRE, Jean-Claude. "Algumas palavras sobre uma linguagem", in: *A linguagem secreta do cinema*. Trad. Benjamin e Fernando Albagli. Rio de Janeiro: Nova Fronteira, 1995.

CARROLL, Lewis. *No país das maravilhas. Através do espelho e o que Alice encontrou lá. Outros textos*. Trad. Sebastião Uchoa Leite. São Paulo: Summus, 1980.

CERVANTES, Miguel de. *Dom Quixote*. Trad. Viscondes de Castilho e Azevedo. São Paulo: Abril, 1981.

CHARTIER, Roger. *A aventura do livro: do leitor ao navegador*. Trad. Reginaldo Carmello Corrêa de Moraes. São Paulo: UNESP/Imprensa Oficial do Estado, 1999.

CORTÁZAR, Julio. "Continuidade dos parques", in: *Final do jogo*. Trad. Remy Gorga Filho. 2ª ed. Rio de Janeiro: Expressão e Cultura, 1971.

_____. *Histórias de cronópios e de famas*. Trad. Gloria Rodríguez. Rio de Janeiro: Civilização Brasileira, 1972.

_____. "Alguns aspectos do conto", in: *Valise de cronópio*. 2ª ed. Trad. Davi Arrigucci Jr. e João Alexandre Barbosa. São Paulo: Perspectiva, 1993.

ECO, Umberto. *Lector in fabula: a cooperação interpretativa nos textos narrativos*. Trad. Attilio Cancian. São Paulo: Perspectiva, 1986.

_____ & SEBEOK, Thomas A. *O signo de três*. Trad. Silvana Garcia. São Paulo: Perspectiva, 1991.

_____. *Interpretação e superinterpretação*. Trad. MF. São Paulo: Martins Fontes, 1993.

_____. *Seis passeios pelos bosques da ficção*. Trad. Hildegard Feist. São Paulo: Companhia das Letras, 1994.

EISENSTEIN, Sergei. "Palavra e Imagem", in: *O sentido do filme*. Trad. Teresa Ottoni. Rio de Janeiro: Jorge Zahar, 1990.

FAGUET, Émile. *A arte de ler*. Trad. Adriana Lisboa. Rio de Janeiro: Casa da Palavra, 2009.

FONSECA, Rubem. "A arte de andar nas ruas do Rio de Janeiro", in: *Romance negro e outras histórias*. São Paulo: Companhia das Letras, 1992.

FOUCAULT, Michel. *O que é um autor?* 2ª ed. Trad. António Fernando Cascais e Edmundo Cordeiro. Lisboa: Vega, 1992.

GENETTE, Gérard. "L'utopie littéraire", in: *Figures*. Paris: Du Seuil, 1966.

GOMES, Renato Cordeiro. *Todas as cidades, a cidade*. Rio de Janeiro: Rocco, 1994.

LISPECTOR, Clarice. "Felicidade clandestina", in: *Felicidade clandestina*. 4ª ed. Rio: Nova Fronteira, 1981.

LOBATO, Monteiro. "A colcha de retalhos", in: *Urupês*. 24ª ed. São Paulo: Brasiliense, 1980.

_____. *Reinações de Narizinho*. 16ª reimpressão da 48ª edição de 1993. São Paulo: Brasiliense, 2005.

MARCO POLO. *O livro das maravilhas: a descrição do mundo*. 4ª ed. Trad. Elói Braga Jr. Porto Alegre: L&PM, 1994.

MEYER, Marlyse. *Folhetim: uma história*. São Paulo: Companhia das Letras, 1996.

MONEGAL, Emir R. *Borges: uma poética da leitura*. Trad. Irlemar Chiampi. São Paulo: Perspectiva, 1980.

NARCEJAC, Thomas. *Une machine à lire: le roman policier*. Paris: Éditions Danoël – Gonthier, 1975.

NOLL, João Gilberto. *O quieto animal da esquina*. Rio de Janeiro: Rocco, 1991.

PESSOTTI, Isaías. *Aqueles cães malditos de Arquelau*. Rio de Janeiro: Editora 34, 1993.

PIGNATARI, Décio. "Você sabe ler objetos?", in: *Semiótica e literatura*. São Paulo: Cultrix, s.d.

POE, Edgar Allan. "Os crimes da Rua Morgue" e "William Wilson", in: *Histórias extraordinárias*. Trad. Breno Silveira e outros. São Paulo: Abril Cultural, 1981.

_____. *O homem da multidão*. Trad. Dorothée de Bruchard. Porto Alegre: Paraula, 1993. (Edição trilíngue, incluindo a versão francesa de Baudelaire.)

PROUST, Marcel. *Sobre a leitura*. 2ª ed. Trad. Carlos Vogt. Campinas: Pontes, 1991.

RIO, João do. *A alma encantadora das ruas*. Rio de Janeiro: Secretaria Municipal de Cultura, 1995.

ROSA, João Guimarães. "Famigerado", in: *Primeiras estórias*. 12ª ed. Rio de Janeiro: José Olympio, 1981.

SANTIAGO, Silviano. *Glossário de Derrida*. Rio de Janeiro: Francisco Alves, 1976.

_____. "A permanência do discurso da tradição no modernismo", in: *Nas malhas da letra*. São Paulo: Companhia das Letras, 1989.

SANTOS, Roberto Corrêa dos. *Para uma teoria da interpretação: semiologia, literatura e interdisciplinaridade*. Rio de Janeiro: Forense Universitária, 1989.

SCHOPENHAUER, Arthur. *Sobre livros e leitura*. Trad. Phiplippe Humblé e Walter Carlos Costa. Porto Alegre: Paraula, 1994.

SÊNECA. *Lettres à Lucilius*. Texto estabelecido por François Préchac e traduzido do latim por Henri Noblot. Paris: Société d'Édition "Les Belles Lettres", 1957. Edição bilíngue: francês/latim. 3 vol. [As traduções para o português utilizadas aqui foram feitas por Adriana Lisboa, especialmente para esta publicação.]

SLOTERDIJK, Peter. *Regras para o parque humano: uma resposta à carta de Heidegger sobre o humanismo*. Trad. José Oscar de Almeida Marques. São Paulo: Estação Liberdade, 2000.

SONTAG, Susan. "Na caverna de Platão", in: *Ensaios sobre fotografia.* Trad. José Afonso Furtado. Lisboa: Publicações Dom Quixote, 1986.

TYNIANOV, Iuri. "Da evolução literária", in: EIKHENBAUM et al. *Teoria da literatura: formalistas russos*. Trad. Ana Mariza Ribeiro e outros. Porto Alegre: Globo, 1976.

Este livro foi composto em CentaurMT C. 12,
e impresso nas oficinas da JPA Ltda,
para a Editora Rocco em 2010.